Puppe Langelies

Langelies war eine Puppe mit langen, langen Beinen. Ihre blauen Augen lachten immer munter in die Welt hinein. Doch sie konnte sie nicht schließen, und deshalb auch nicht schlafen. Nachts, wenn neben ihr Marietta, ihr Puppenmütterchen, süß träumte, schlüpfte Langelies aus dem Bett und spielte mit den anderen Spielsachen von Marietta. Sie tanzte mit den Plüschtieren nach der Musik des Brummkreisels oder sang Schlafliedchen für die Puppen, die Schlafaugen hatten. Wenn morgens der erste Sonnenstrahl ins Zimmer fiel, schlüpfte sie schnell wieder zurück ins Bett und wartete brav, bis ihr Puppenmütterchen aufwachte. „Guten Morgen ...", sagte Marietta dann. „Bist du auch schon wach?" Denn Marietta hatte noch nicht gemerkt, daß Langelies gar nicht schlafen konnte.

Die Blumenfrau

An einer Stra... Stadt war ei... aufgebaut. ...den farbiger... ...menfrau und ver... an jeden, der sie nur haben wollte. Die Menschen kamen gern zu dem Blumenstand, denn er war das hübscheste Fleckchen in der ganzen Stadt. Es duftete dort auch immer so gut, einmal nach Rosen, dann wieder nach Nelken oder Mimosen. Die Blumenfrau war stets fröhlich: im Frühling mit den ersten Blumen, im Sommer mit all seiner Blumenpracht und im Herbst, wenn sie Astern verkaufen konnte. Nur im Winter gab es keine Blumen. Dann ging die Blumenfrau nach Hause, machte Feuer in ihrem Ofen und setzte sich ans helle Fenster. Da las sie ein Buch nach dem anderen und wartete auf die Rückkehr des Frühlings.

Nachts, wenn die Blumenfrau schlief, zauberte König Winter wunderschöne Eisblumen an ihr Fenster. Danach kam die Sonne und malte die Blumen gelb und rot und blau an. Und wenn die Blumenfrau erwachte, freute sie sich über ihren schönen Traum und wartete weiter geduldig auf den Frühling.

Zwei grasgrüne Raupen

Es waren einmal zwei hübsche, grasgrüne Raupen, die tief drinnen im Walde lebten. Sie waren gut Freund miteinander, ärgerten sich aber darüber, daß sie von den anderen Tieren nie beachtet wurden. Keines plauderte oder spielte mit ihnen, wie sehr sie es sich auch wünschten. So ärgerten sie sich

keine Raupen mehr, wir sind zwei richtige Schmetterlinge! Komm, laß uns zurück in den Wald fliegen!"

Das taten sie und wurden dort die glücklichsten Schmetterlinge, und alle anderen Tiere wollten nun plötzlich mit ihnen spielen.

weiter und sehnten sich nach einem anderen Leben. „Mein größter Wunsch wäre es", sagte die eine, „weit weg von hier in einen anderen Wald zu gehen." „Und ich würde dich sofort begleiten", sagte die zweite, „aber unsere Beinchen sind zu schwach für eine große Reise."

Traurig schliefen sie ein. Doch beide hatten einen wunderschönen Traum. Ein langer, weißer Seidenfaden wickelte sich um jede von ihnen herum, immer öfter, immer fester, bis sie schließlich ganz in ihn eingehüllt waren und aussahen wie zwei weiße Stoffbällchen.

Als ein kleiner Junge in den Wald kam und die beiden merkwürdigen Dingerchen sah, nahm er sie mit nach Hause. Dort legte er sie auf sein Bücherbord und vergaß sie. Doch nach einigen Tagen regten sich die Seidenbällchen, und plötzlich schlüpften aus ihnen zwei schöne, bunte Schmetterlinge heraus. „Träum ich oder wach ich?" sagte der eine. Und der andere: „Nein, das ist kein Traum! Wir sind

Die Sonne und der Wind

Als die Sonne und der Wind eines Tages nichts zu tun hatten, fingen sie aus Langeweile an, miteinander zu streiten. „Sag mal, Sonne", sagte der Wind, „weißt du eigentlich, daß ich der Stärkste von allen hier bin?" — „Komm, komm", antworte-

te die Sonne, „das ist doch allbekannt, daß nichts über die Kraft der Sonnenstrahlen geht!" — „Haha!" lachte der Wind. „Das möchte ich wohl einmal sehen. Weißt du was?

Wir wollen eine Wette abschließen. Wer dem Mann dort unten auf der Straße die Jacke ausziehen kann, der ist der Stärkere, der hat gewonnen." Die Sonne war einverstanden und sagte: „Fange du an, denn von dir stammt der Plan." Da begann der Wind zu wehen und zu blasen, doch je stärker er blies, desto fester wickelte sich der Mann in seine Jacke. „Nun bin ich dran", sagte die Sonne. Erst schien sie den Mann nur ein bißchen an, da knöpfte er seine Jacke auf. Dann schickte sie ein paar Sonnenstrahlen mehr, da ließ der Mann seine Jacke lose um die Schultern baumeln. Und nun schien die Sonne mit aller Kraft, da ging der Mann unter einen schattigen Baum, zog seine Jacke aus und legte sich schlafen. Da mußte der Wind zugeben, daß er die Wette verloren hatte. Aber es war doch ein lustiges Spiel gewesen.

Eine kleine Maus

Eine kleine Maus
wohnt in unserm Haus.
Sie kommt trippel-trapp
schnell die Trepp' herab.

Unten sitzt das Kätzchen
mit den weißen Tätzchen,
schaut schon voll Verlangen,
will das Mäuschen fangen.

Mäuslein ist nicht dumm,
kehrt ganz einfach um,
springt in schnellem Lauf
flink die Treppe rauf.

Unten sitzt das Kätzchen
mit dem weißen Lätzchen
und leckt sich die Tätzchen,
will jetzt Süppchen essen,
hat die Maus vergessen.

Der vorwitzige Regentropfen

Am äußersten Ende einer dicken, grauen Wolke hingen zwei kleine Regentropfen. „Traust du dich hinunterzuspringen?" fragte der eine den andern.

Der antwortete: „Natürlich trau ich mich! Ich habe keine Angst davor. Doch die Wolke hat es uns streng verboten. Sie sagt, wenn wir hinunter auf die Erde wollen, dann müssen wir das gemeinsam tun. Wenn wir uns alle auf einmal hinunterfallen lassen, dann werden die Felder hübsch naß, und die Bauern freuen sich."

So unterhielten sie sich hin und her, bis der erste Regentropfen plötzlich sagte: „Ich will nicht länger warten und werde allein hinunterspringen. Sieh nur, wie trocken die Erde da unten ist. Der Bauer ist sicher glücklich, wenn ich ihm helfe und sein Feld naß mache." Damit

Er legte seine Krone ab und zog den Königsmantel aus, ging in den Park und fütterte die Goldfische. Dann ließ er sich auf einer Bank nieder und ruhte sich aus. Ein kleiner Schuljunge setzte sich neben ihn und fing an, ganz keck mit dem König zu plaudern. Denn er wußte ja nicht, daß es der mächtige Herrscher des Landes war. Der König aber sagte zu ihm: „Hast du heute keine Schule?" „Doch, antwortete der Junge, „aber heute scheint die Sonne so schön, da mag ich nicht in der Schule sitzen und schwitzen." „Du bist mir ein feiner Schuljunge", entgegnete darauf der König, „einfach Schule schwänzen, weil schönes Wetter ist! Wenn jeder

ließ sich der vorwitzige Regentropfen auf die Erde hinunterfallen. Der Bauer stand gerade auf seinem Acker, und der Regentropfen fiel ihm mit einem kleinen Platsch! direkt auf die Nase.

„Aha", sagte er, „jetzt wird's bald richtig regnen; das wird meinen Äckern gut tun!" Und er wischte sich den Regentropfen mit seinem Taschentuch von der Nase und steckte es ein. Da saß nun der vorwitzige Regentropfen gefangen in der Hosentasche des Bauern und konnte über seine Dummheit nachdenken ...

Der König und der Schuljunge

Der König von Tulpanien war heute entsetzlich müde. Er gähnte in einem fort „u-aah, u-aah" und beschloß endlich, heute nicht weiterzuregieren, sondern spazierenzugehen.

so denken und nicht arbeiten wollte, dann gäbe es heute keine Brötchen und kein Fleisch, keine Straßenbahn und kein elektrisches Licht. Lauf schnell in deine Schule — eins — zwei — drei — fort mit dir!" Da packte der Junge seine Hefte und Bücher und rannte schleunigst ins Schulhaus zurück. Der König aber blieb nachdenklich sitzen, und plötzlich fiel ihm ein, daß er es ja genau so gemacht hatte wie der kleine Schuljunge. Der hatte seine Schule geschwänzt, und er, der König, seine Regierungsgeschäfte. Als er das erkannte, schämte er sich und begab sich rasch wieder in den Palast. Da sitzt er nun an seinem Schreibtisch und regiert eifrig weiter, obwohl draußen die Sonne so herrlich scheint und die Vöglein so lustig singen!

Breichen essen

Peter mag sein Breichen nicht,
bös verzieht er sein Gesicht,
und es fallen, eins, zwei, drei,
viele Tränchen in den Brei.
Komm, ich helf dir Breichen essen!
Tränen sind dann schnell vergessen.
Ein Löffel für Papa, einer für Mama,
der für den Opa, der für die Oma,
der für die Tante,

der für das Schweinchen Jolanthe,
der für das Brüderlein,
der für das Schwesterlein,
der ist für den Peter —
so, nun hat ein jeder.
Und der Teller ist jetzt leer,
und mein Peter freut sich sehr.

Flip, Flap und Flop

Nahe bei der Kokospalme lebten drei übermütige, freche Äffchen: Flip, Flap und Flop. Vater schalt mit ihnen, Mutter aber mußte über sie lachen, wenn sie einmal etwas besonders Lustiges angestellt hatten. Eins Tages waren sie plötzlich verschwunden und tauchten erst spät abends wieder auf. Sie saßen auf einer Giraffe und riefen den Eltern zu: „Wir haben einen herrlichen Tag gehabt!" Und Flip erzählte: „Die Elefanten haben uns mit ihren Rüsseln naß gespritzt, wenn wir sie hinter ihren großen Ohren gekitzelt haben. Wie haben wir da zusammen gelacht!" — „Und ich", sagte Flap, „ich habe auf dem Schwanz von einem Krokodil geschaukelt!"

— „Und ich", rief Flop, „habe ein Nilpferd mit Bananen gefüttert. Und zusammen sind wir auf der Giraffe heimgeritten. Ja, es war ein herrlicher Tag." Da schimpfte Vater Affe wie gewöhnlich, aber nur ein bißchen, doch die Mutter konnten ihren drei Spaßmachern nicht böse sein. Flip, Flap und Flop bedankten sich bei der Giraffe fürs Nachhausebringen, aßen ihre Schüsselchen leer und gingen ins Bett. — Wohl zu ruhen!

Drei große Nasen

Das sind drei große Nasen,
man kann mit ihnen riechen
und auch Trompete blasen,
und schnarchen kann man auch damit,
das hört man dann auf Schritt und Tritt
im ganzen Haus.

Der erste Mann heißt Klaus,
der zweite, der heißt Hans,
der mit der größten Nase,
das ist der Onkel Franz.

Brummi will fliegen

Eines Tages machte Bärchen Brummi einen langen Spaziergang im Wald. Es war das erste Mal, daß er so allein dahinmarschierte. Wie schön doch alles um ihn her war! Die Blumen nickten ihm freundlich zu, die Vöglein sangen ihre schönsten Lieder für ihn, und durch die Bäume hindurch sah er den blauen Himmel und die weißen Wolken. Und Brummi begann vor Freude zu springen und zu tanzen. Doch bald wurde er müde, denn seine kleinen Bärenpfoten waren so lange Spaziergänge noch nicht gewöhnt. „Wenn ich doch fliegen könnte", wünschte er sich. Da stolperte er und flog in weitem Bogen nach vorn. Der Wind half ein bißchen nach, und Brummi dachte: „Sieh mal an, ich kann ja fliegen! Ist das aber schön!" Doch das Vergnügen dauerte nicht lange. Mit einem Plumps fiel er auf den Boden und guckte erschreckt um sich. „Lieber doch nicht fliegen", brummelte er, weinte ein paar Tränen und guckte bekümmert nach einer bestimmten Stelle über seinem Bärenschwänzchen. Die tat nämlich weh ...

Bille-balle-bolle

Bille-balle-bolle,
schöne weiche Wolle,
rot und blau und gelb und grün,
wie die bunten Blumen blühn.

Das tönerne Sparschwein

In Muttis Glasschrank stand ein tönernes Sparschwein, das holte sich Marlieschen eines Tages und stellte es auf ihren Spielzeugschrank. Und sooft sie einen Pfennig geschenkt bekam, warf sie ihn in das Sparschwein hinein. Das ringelte dann jedesmal sein Schwänzchen, und Marlieschen mußte darüber so lachen, daß ihr Bäuchlein wackelte. Es dauerte genau ein Jahr, da war das Sparschweinchen bis obenhin voll, und es war so schwer geworden, daß Marlieschen es kaum noch halten konnte. Ja, was sollte sie jetzt mit ihrem Sparschwein machen? Sollte sie es kaputtschlagen, damit sie an das

viele Geld herankam? Nein, Marlieschen fand einen Ausweg. Sie drehte das Sparschwein um und fing an zu rütteln und zu schütteln. Aber ach, es war so dick und schwer und unhandlich, daß es Marlieschen aus den Fingern glitt und zu Boden fiel. Mit einem Knall zerbarst es in viele Scherben, und die Münzen rollten auf dem Teppich umher. Nun hatte Marlieschen eine Menge Geld, aber kein Sparschweinchen mehr.

Familie Langohr

Die Kaninchenfamilie Langohr hauste in einer hübschen, gemütlichen Höhle, die der Kaninchenvater mit seinen eigenen Pfoten in die Erde gegraben hatte. Es gab viele Räume und Gänge darin, in denen die

kleinen Kaninchenkinder spielen konnten, wenn sie nicht nach draußen durften. Im Sommer hatten sie sich auf der Wiese getummelt, aber jetzt im Winter blieben sie gern in der warmen trockenen Höhle, denn draußen da lag eine dicke Schneedecke über der Landschaft.

Sie war so dick, daß die Kanincheneltern kein Futter mehr finden konnten und voller Kummer sahen, wie ihre Kaninchenkinder von Tag zu Tag dünner und schwächer wurden. Da sagte der Kaninchenvater eines Tages: ,,Kommt, Kinderlein, wir wollen heute alle an die frische Luft und zusammen nach Futter suchen!''

Sie liefen lange im Schnee umher, und endlich fand der Kaninchenvater ein dickes Büschel trockenes Gras. Er rief seine kleinen Kaninchenkinder herbei und sagte zu ihnen: ,,Laßt es euch gut schmekken, Kinderlein. Ich will so lange aufpassen, damit euch der Fuchs nicht stören kann!''

Die kleinen Kaninchen knabberten und schmausten und waren gerade mit ihrer Mahlzeit fertig, als der Vater rief: ,,Kinder, der Fuchs! Schnell mir nach in unsere Höhle!'' Sie rannten in einer langen Reihe davon, immer einer in der Spur des anderen. Als der Fuchs diese Fußspur sah, dachte er: ,,Da ist ja nur ein Kaninchen gelaufen! Es lohnt sich nicht, daß ich mich wegen einer einzigen Mahlzeit so anstrenge!'' Damit kehrte er um und ließ die Kaninchenfamilie in Ruhe.

Die schlüpfte in ihre Höhle, und da sie nun alle gesättigt waren, hatten sie den Fuchs rasch vergessen und spielten wieder fröhlich miteinander in den Schlupfwinkeln der Kaninchenhöhle.

Hein, der Matrose

Mit dem Leuchter in der Hand
kommt der Hein in fremdes Land.
Hein ist ein Matrose,
gelb ist seine Hose,
und die Mütze — schau,
die ist himmelblau.

Von der Meeresküste
wandert Hein zur Wüste,
wo ein Neger ihn verhaut
und ihm seine Mütze klaut.
Und der Neger hat sie jetzt
sich aufs schwarze Haupt gesetzt.

Weil die Mütze gar so nett,
trägt er sie auch nachts im Bett.
Was macht Hein, der arme Tropf,
ohne Mütze auf dem Kopf?
Er kauft sich ohne Reue
in Hamburg eine neue.

Die unzufriedene Kuh

Es war einmal eine Kuh, eine schöne schwarz und weiß gefleckte
Kuh. Alle Leute blieben stehen und
bewunderten sie wegen der prächtigen schwarzen und weißen Flek-
ken. Aber die Kuh selbst wollte gar
nicht gefleckt sein, sie wäre viel lieber ganz schwarz oder ganz weiß
gewesen.
Da malte sie der Bauer eines Tages
zum Spaß über und über mit
schwarzer Farbe an, und nun war
die Kuh endlich zufrieden und gab
doppelt soviel Milch wie vorher.

Doch der Winter kam, und der Bauer trieb nun seine Kühe jeden
Abend in den warmen Stall. Aber
eines Tages vergaß er die schwarze
Kuh, weil sie so dunkel wie die
Nacht war und er sie deshalb nicht
gesehen hatte. Als er merkte, daß
ihm eine Kuh fehlte, wollte er sie
draußen suchen. Doch inzwischen
hatte es geschneit, und auf der Kuh
lag der Schnee so dicht, daß sie
selbst ganz weiß aussah — so, wie
sie es sich immer gewünscht hatte.
Nun konnte der Bauer sie in dem
weißen Schnee wieder nicht entdecken, und sie mußte draußen in
der Kälte übernachten. ,,Muh —
muh ", machte sie da, ,,ich will wieder schwarz und weiß gefleckt sein,
damit mich der Bauer findet und
ich im warmen Stall bei den andern
Kühen bleiben kann!"

Die zwei Pilze

Auf der grünen Wiese standen zwei
Pilze nebeneinander. Der eine war
groß und dünn und schaute hoch-
mütig in die Luft. Der andere war
klein und dicklich und hatte einen
großen, schwarzen Hut mit einer
verbogenen Krempe — besonders
hübsch sah er ja nicht aus!
Eines Tages sagte der lange, hochmütige Pilz zu seinem Nachbarn:
,,Mein lieber Freund, mit deinem
häßlichen Hut verdirbst du mir die
ganze Aussicht. Such dir doch einen anderen Platz, etwas weiter
weg von mir!"
Kaum hatte der hochmütige Pilz
das gesagt, als es plötzlich anfing
zu regnen. Ein kleines Feldmäus-
chen trippelte umher und suchte
Schutz vor der Nässe. Glücklicher-

Die drei Affen

Im Schaufenster einer Tierhandlung waren drei Äffchen ausgestellt. Sie vertrieben sich die Zeit mit Springen und Spielen, und wenn sie müde waren, saßen sie still und schauten hinaus auf die Straße.

Dort standen an einer Ecke drei Klatschbasen und redeten und schwatzten stundenlang miteinander.

Sie wußten alles, sie sahen alles und sie redeten über alles, aber sie redeten nur schlechte Dinge. Und wenn man ihnen hätte glauben wollen, dann gab es in der ganzen Stadt nur böse Menschen! Der Bürgermeister hatte sie schon zurechtgewiesen, und ebenso der Pfarrer. Doch die drei Alten machten sich nichts daraus und klatschten eifrig weiter.

Da dachten sich die drei kleinen Äffchen etwas aus! Sie setzten sich nebeneinander ins Schaufenster, und der eine hielt sich den Mund zu, der andere die Augen und der dritte die Ohren. Niemand wußte zuerst, was das bedeuten sollte. Doch da kam ein Bildhauer des Weges, sah die Äffchen und sagte zu den ratlosen Leuten: „Macht

weise sah sie den kleinen, dicken Pilz stehen, rannte auf ihn zu und sagte: „Darf ich mich ein wenig bei dir unterstellen?" „Aber selbstverständlich", rief der kleine Pilz, „komm nur ganz nahe an meinen Stiel heran, dann wirst du nicht naß!"

Als der Regen vorbei war, bedankte sich das Mäuschen und sagte: „Wie gut ich unter deinem schönen, großen Hut Platz hatte! Der lange, dürre Pilz neben dir hätte sicher nicht einmal ein Mückchen trocken halten können!" Als der hochmütige Pilz das hörte, wurde er vor Wut feuerrot und wandte das Gesicht grimmig auf die andere Seite.

doch eure Augen auf, liebe Leute! Sehr ihr dort die drei Klatschbasen stehen? Jetzt denkt mal tüchtig nach! Die drei Äffchen geben euch eine gute Lehre! Sie wollen uns sagen: Sprecht niemals etwas Böses! Betrachtet euch nichts Böses und hört euch nichts Böses an! Ich will gleich in meine Werkstatt gehen und die drei Äffchen in Stein aushauen. Die Figuren schikke ich dann in alle Welt, damit sie den Menschen ein Beispiel geben!" Sicher hast auch du schon einmal solche Figürchen gesehen. Sie können dir überall begegnen und meinen alle das gleiche wie die drei lebendigen Äffchen im Schaufenster des Tierladens.

Piri, der dumme Fisch

Im kühlen Wasser eines Aquariums schwamm Piri immerzu im Kreis herum — Piri, das reizende, aber einfältige Fischchen. Sein Schuppenkleid schillerte in allen Farben, seine Flossen waren durchscheinend wie helles Glas, und sein Schwanz schwebte wie ein Schleier hinter ihm her. Doch Piri war ein unzufriedenes Geschöpf. Den ganzen Tag guckte er durch die Scheiben seines Aquariums hinaus und sah eine Menge Dinge, die ihn nur immer noch unzufriedener machten. Einmal sah er einen Vogel fliegen und dachte: „Ach, wäre ich doch ein Vogel! Dann könnte ich fliegen und singen." Am nächsten Tag liefen ein paar Hunde spielend am Aquarium vorüber, und da wünschte sich Piri: „Nein, ich will kein Vogel sein, lieber ein Hund. Dann kann ich springen und bellen

und werde von den Menschen verwöhnt." Ein anderes Mal sah er, wie die Kinder fröhlich zur Schule sprangen, und da wollte Piri lieber ein Menschenkind sein, das soviel spielen und lernen durfte, wie es nur wollte. Und so wünschte er sich jeden Tag etwas anderes. Bis zu einem bestimmten Tag — da war es nämlich so heiß, daß die Vögel

von den Bäumen fielen, daß der Hund im Schatten nur noch japste und die Kinder in der Schule vor Müdigkeit einschliefen. Da merkte Piri, wie gut es war, ein Fisch zu sein, der den ganzen Tag in dem herrlich kühlen Wasser umherschwimmen konnte ...

Die Regenwolke

Es stand einmal eine Wolke am Himmel, der es da oben aber immer weniger gefiel. Wenn es schön war, blies der Wind sie sacht an, und sie schwamm dann durch die blaue Luft. War er aber schlechter Laune — und das geschah leider oft —, dann jagte er die kleine Wolke so stürmisch vor sich her, daß sie beinahe über sich selbst stolperte.

Weshalb tat der Wind das bloß? Die Wolke konnte doch nichts dafür, daß sie ihm immer vor den Füßen herlief! Wenn sie nach unten blickte und sah, wie schön die Erde war, bekam sie immer große Sehnsucht, auch da unten zu liegen, vielleicht auf einer Weide, mitten in der Sonne, und den Kuhglocken zuzuhören. Aber nein, das war ja nichts für kleine Wolken.

Die mußten hier oben am Himmel bleiben und sich vom Wind ärgern lassen. Über diese traurigen Gedanken fing die Wolke an zu weinen und tropfte in vielen kleinen Regentropfen nieder zur Erde — mitten auf eine Weide, wo sie als kleiner Weiher liegenblieb. „Schau an", sagte die Kuh. „Wir haben einen eigenen Weiher bekommen." Und gleich lief sie davon und erzählte die Neuigkeit auch den anderen Tieren. Als die Entchen es vernahmen, kamen sie eilig angewackelt. Und ein bißchen später schwammen sie schon auf dem Wasser. Und so blieb es nun auch. Die Wolke war in einen hübschen Weiher verwandelt und konnte beschaulich auf der Wiese liegenbleiben und vor sich hinträumen. Dabei horchte sie auf die Kuhglocken und das fröhliche Quaken der Entchen und war endlich zufrieden mit ihrem Los.

Die Spielzeugschachtel

Hänschen drückte seine Nase an die Fensterscheibe und schaute betrübt nach draußen. Der Regen hatte alle Leute von der Straße ver-

trieben. Es regnete schon den ganzen Tag, und Hänschen konnte
heute bestimmt nicht mehr zum
Spielen auf die Straße hinauslau-
fen. Darüber war er sehr traurig!

Hänschen tat seiner Mutter leid und
sie sagte zu ihm: „Soll ich dir nicht
deine Spielzeugschachtel vom
Speicher herunterbringen?" Diese
Spielzeugschachtel war eine alte
Blechdose, in die Hänschens Mutter alle alten Spielsachen hinein-
gestopft hatte, mit denen Hänschen
früher gespielt hatte. Hänschen
liebte diese Schachtel und konnte
sich stundenlang mit dem alten
Krimskrams unterhalten.

Mutter stellte also die Schachtel auf
den Fußboden, und Hänschen
stürzte sich mit Feuereifer darauf.
Da war seine alte Kinderklapper,
die ein so feines silbriges Stimm-
chen hatte, da waren Bausteine
und eine Lokomotive, die ihm Opa
einmal geschenkt hatte, da war ein
Weihnachtsmann aus Marzipan,
der inzwischen so hart wie ein Zie-
gelstein geworden war. Hänschen
fand auch die alte Windmühle wieder und den Clown mit den großen
Füßen, den Plüschesel, der mit
dem Kopf und dem Schwanz wak-
keln konnte, das Vögelchen mit den
bunten Federn und die alte Fahr-
radklingel. Zum Schluß zog er noch
den Teddybären und die Giraffe mit
dem langen Hals aus der Spielzeugschachtel heraus.

Hänschen vergaß alles um sich her,
sogar den Regen vor dem Fenster.
Ja, die alte Spielzeugschachtel war
die schönste Unterhaltung an einem Regentag!

Der Orangenbaum

„Ojeh, ojeh, ojeh, mein Bäuchlein
tut so weh!" jammerte Heinzi und
wurde ganz blaß im Gesicht. „Hast
du wieder nicht gefolgt, du schlimmer Junge", rief seine Mutter, „hier
trink einen Schluck Tee, dann wird
es gleich wieder gut. Ich habe es dir
doch schon so oft gesagt: Wenn
Kinder Obstkerne verschlucken,
dann wächst ein Orangenbaum im
Bauch!"

Heinzi fühlte sich schnell besser,
lachte und sprang davon. Aber es
wurde bald dunkel, und er mußte
ins Bett. Plötzlich hatte er wieder
diese dummen Magenschmerzen.
Es war, als rumpelte etwas in seinem Bäuchlein. Dann spürte er es
auch in der Brust und im Hals, und
jetzt juckten ihn sogar die Ohren.
Heinzi wollte sich am Ohr kratzen
— und hielt plötzlich ein grünes

Blatt in der Hand. Er schrie laut auf vor Schreck und sprang zum Spiegel. Und was sah er? Aus seinem Kopf und seinen Ohren wuchsen große Zweige heraus, die voller Orangen hingen. Er schüttelte sich, und die Orangen fielen auf den Boden und kollerten im ganzen Zimmer umher. Also hatte Mutter recht gehabt! In seinem Bäuchlein war ein Orangenbaum gewachsen!

Was sollte er nun tun? Zur Schule konnte er mit dem Orangenbaum auf dem Kopf nicht gehen. Er traute sich nicht einmal, die Mutter zu rufen. Dabei wuchs der Orangenbaum immer weiter, und immer mehr Früchte polterten auf den Boden und die Treppe hinunter — rummdiwumm — rummdiwumm. Es war ein riesiger Lärm — und da wachte Heinzi plötzlich auf. Denn draußen ging ein mächtiges Gewitter nieder, und der Donner machte laut rummdiwumm — rummdiwumm.

Da wußte Heinzi, daß er nur geträumt hatte. Er war froh darüber und verschluckte von da an niemals wieder Obstkerne. Vielleicht wäre sonst wirklich einmal ein Orangenbaum in seinem Bäuchlein gewachsen, wer weiß!

Pumpi, der Feuerwehrmann

Mitten im Urwald lebte ein Elefant, den die Tiere Pumpi getauft hatten. Sie wußten nämlich, daß er gern Feuerwehrmann geworden wäre, mit einer Wasserpumpe und einer Feuerwehrspritze. Jeden Tag ging er mit seinen Freunden schwimmen. Dabei saugte er sich den langen Rüssel immer voll Wasser und

spritzte dann die anderen naß. Das trieb er so lange, bis niemand mehr mit ihm spielen wollte und er nun immer allein herumstrolchen mußte. Einmal sah er im Wald zwei kleine Tiger spielen. Es war aber ein gefährliches Spiel — sie zündelten nämlich. Zuerst wollte Pumpi sich zu ihnen gesellen, doch dann dach-

te er: „Sie lassen mich sicher nicht mitspielen." Und trollte sich davon. Plötzlich hörte er „Hilfe! Hilfe!" rufen. Es waren die Tigerchen. Erschreckt drehte sich Pumpi um und sah, daß der Wald lichterloh brannte. Schnell rannte er zum nahen Fluß und saugte soviel Wasser ein, wie in seinen langen, dicken Rüssel nur hineinging. Er spritzte das Wasser in die Flammen und machte das sooft, bis das Feuer endlich erloschen war. Nun kamen alle Tiere herbei, die früher immer vor ihm weggelaufen waren, und wollten gut Freund mit ihm sein. Pumpi war glücklich darüber. Aber am meisten freute es ihn, daß er doch endlich als richtiger Feuerwehrmann galt.

Blackys Auto

Blacky hat ein Autochen,
ein Autochen aus Blech,
und mit dem neuen Autochen
fährt Blacky flott und frech.

Nun läßt er sich ein Fotobild
vom Fotografen machen.
Der sagt: ,,Stell dich dorthin,
und bitte freundlich lachen!''

Da steht er jetzt, der kleine Mann,
und freut sich königlich,
und auf das Foto schreibt er dann:
,,Mein Autochen und ich.''

Häschen Bornie

Häschen Bornie hieß so, weil es ein bißchen dumm und borniert war. Dazu hatte es viel kürzere Ohren als alle anderen Hasen. Es fühlte sich deshalb oft recht unglücklich und wünschte sich sehr, daß doch wenigstens seine Ohren etwas hübscher und stattlicher wären.

Eines Tages kam der böse Wolf in den Wald. Als er Bornie sah, lief ihm sogleich das Wasser im Mund zusammen, und er machte Jagd auf Bornie. Doch das Häschen war viel schneller als der Wolf und lief ihm geschwind davon.

Das ärgerte den Wolf, und er dachte sich eine List aus. Er schickte eine Botschaft an Bornie und ließ ihm sagen, daß er, der Wolf, krank in seiner Höhle läge. Bornie solle kommen und ihm Arzneikräuter mitbringen. Aus Dankbarkeit wolle er dann auch keinem Hasen mehr etwas zuleide tun.

Das Häschen Bornie, das sehr gut-
mütig war, pflückte also ein Bündel Arzneikräuter und machte sich
auf den Weg zur Wolfshöhle. Doch
es war auch sehr vorsichtig, und so
lugte es erst einmal ganz beschei-
den in die Wohnung des Wolfs hinein. Darauf aber hatte der böse
Wolf gewartet. Er schlug seine Tür
mit einem Knall zu und gedachte,
so das Häslein zu fangen. Es blieb
auch mit seinen Ohren einge-
klemmt in der Tür hängen und zog
und zog nun, um sie wieder heraus-
zubekommen. Sie wurden länger
und länger, doch sie blieben einge-
klemmt. Da machte der Wolf plötzlich die Tür auf, und Bornie kam
los! Er hatte seine Freiheit wieder
— und die längsten und hübschesten Hasenohren der Welt!
Der Wolf aber ärgerte sich, daß er
dümmer als der kleine, dumme
Bornie gewesen war. Und weil er
nicht ausgelacht werden wollte,
zog er um in einen anderen Wald.
Häschen Bornie dagegen kehrte zu
den anderen Hasen zurück und war
glücklich, daß ihm der böse Wolf
zu so schönen, langen Ohren ver-
holfen hatte.

Flaps ist krank

Flaps, unser kleiner Hund, fühlt
sich gar nicht wohl. Lang ausge-
streckt liegt er in seinem Korb und
schaut uns mit traurigen Augen an.
„Komm, mein Kleiner", sagt sein
Herrchen, „wir wollen zusammen
zum Tierarzt gehen." Flaps wird in
eine warme Decke gehüllt und zum
Doktor gebracht. Der untersucht
das Hündchen sehr gründlich,

mißt seine Größe und wiegt sein
Gewicht, besieht sich Flapsis Zunge und läßt ihn „Ah" sagen. Gleichgültig läßt Flaps alles über sich er-
gehen. Er hat nur einen Wunsch:
So bald wie möglich wieder gesund
zu werden.
„Nun, Flaps", sagt der Tierarzt,
„deine Krankheit ist nicht schlimm,
du bist nur etwas erkältet. Wenn du
warm zugedeckt brav in deinem
Körbchen bleibst und diese Medizin hier dreimal am Tage schluckst,
bist du bald wieder gesund."
Zu Hause befolgt Flaps pünktlich
die Anordnungen des guten Doktors und fühlt sich wirklich schon
nach kurzer Zeit wieder ganz wohl.
Wie glücklich ist er jetzt! Er schlägt
Purzelbäume, bellt sein Herrchen
fröhlich an und reißt vor Übermut
beinahe die Tischdecke zu Boden.
Als es Schlafenszeit wird, ist Flaps
zu müde, um zu seinem Körbchen
zu laufen. Sein Herrchen findet ihn

schlafend in einem seiner hohen Gartenstiefel. Sieht es nicht lustig aus, wie Flapsis müdes Köpfchen über den Stiefelrand herunterhängt?

Die Geburtstagsrede

Dem guten König Salomon war es schrecklich heiß, und die Schweißtropfen rannen ihm von der Stirne. Er bereitete sich nämlich auf eine Rede vor. Die wollte er morgen, an seinem Geburtstag, vor seinen Untertanen halten.

So eine Rede ist eine einfache Sache. Zuerst muß man wissen, was man sagen will. Dann muß man die Rede aufschreiben, und schließlich muß man sie noch auswendig lernen.

Der arme König Salomon war schon ganz zappelig. Als er die Rede am nächsten Tag halten wollte, wurde er noch viel zappeliger und sagte: „Mein Diebesvolk, ach, nein, ich wollte sagen, mein liebes Volk, ich danke euch sehr für eure Triebe und Leue, ich meine natürlich, Liebe und Treue, für eure Krumen und Raben, nicht doch, für eure Blumen und Gaben. Versprecht mir, daß ich euch immer verzeihe, ach, nein, verzeiht mir, daß ich mich immer verspreche. Aber ich bin heute so streitbar zerfurcht, nein, nein so furchtbar zerstreut."

Da klatschten die Leute in die Hände und riefen: „Hurra, lang lebe unser lieber König Salomon!" Und sie liebten ihn genau so sehr wie vorher, denn sie wußten ja, daß er ein guter König war, wenn er auch keine guten Reden halten konnte.

Das verzauberte Geldstück

Poldi war ein armer Junge. Er lebte in einem Dorf in den Bergen und hatte weder Vater noch Mutter und auch keine Geschwister. Früh, wenn er aufwachte, sagte er: „Guten Morgen, Sonne, guten Morgen, liebe Sonne!" Denn sie war der einzige Freund, den er hatte. Eines Tages, als er Beeren pflücken wollte, um seinen Hunger zu stillen, begegnete er auf einem steilen Bergpfad einem alten Zwerg, der sich mühsam abstrampelte. „Ich will dir helfen", sagte Poldi zu dem kleinen Männchen und stützte es mit seinem Arm. „Du bist ein guter Junge", sprach da der Zwerg. „Wenn

Die Blumenelfen

Es war dunkle Nacht im Elfenland, doch überall regte und bewegte sich's. Die Elfenkönigin hatte all ihre kleinen Untertanen um sich versammelt und bereitete mit ihnen einen Blumenfestzug ins Menschenland vor. Dort wollten sie allüberall bunte Frühlingsblumen verstreuen.

Die Elfen machen diesen Flug in jedem Frühjahr und freuen sich schon das ganze Jahr über darauf.

Sie tragen dabei tausend bunte Blüten in ihren Händen und lassen sie nach und nach auf die Erde herabfallen. Sie sieht dann aus, als wäre sie mit einem farbigen Teppich bedeckt. Und alle Menschen wissen: Nun ist der Frühling gekommen.

Auch dieses Mal öffneten sich die weiten Tore des Elfenlandes, und die Elfen schwebten glückselig hinaus. Wie verzaubert lag die mondbeschienene Landschaft unter ihnen, und die Kerzen der Kastanienbäume leuchteten ihnen auf

wir oben auf dem Berg sind, werde ich dich belohnen." Als sie den Gipfel erreicht hatten, bedankte sich der Zwerg bei Poldi und gab ihm ein Geldstück. Dann trennten sie sich. Am nächsten Tag, als Poldi wieder einmal Hunger hatte, ging er zum Bäcker, kaufte sich Brot und bezahlte mit dem Geldstück des Zwergleins. Doch abends fand er es in seiner Hosentasche wieder. Er wollte es dem Bäcker bringen. Der zählte das Geld in seiner Kasse, doch es fehlte nichts. Und er sagte zu Poldi: „Jungchen, behalte das Geld, denn meines ist es nicht!" Nun ging Poldi zum Fleischer, um sich Wurst zu kaufen. Und da war es das gleiche — abends steckte das Geldstück wieder in seiner Hosentasche. So ging das weiter und hörte nicht auf.

Poldi konnte kaufen, was er wollte, immer kehrte das Geldstück zu ihm zurück. Jetzt lebte er wie das Kind von reichen Eltern. Ist das nicht wunderbar?

dem Weg zu den Wiesen und Wäldern. Und nun ging ein Blumensegen auf die ganze Erde nieder: rosa Maßliebchen und gelbe Schlüsselblumen, lilafarbener Flieder und rote Tulpen, hellblaue Vergißmeinnicht und schneeweiße Anemonen und noch viele tausend andere farbige Blumen. Als alle verstreut waren, kehrten die Elfen in ihr Elfenreich zurück und dachten noch lange an ihren Blumenreigen im Menschenland zurück. Und sie nahmen sich vor, im nächsten Frühling noch viel mehr Blumen über die Wiesen und Wälder auszustreuen, damit sich die Menschen daran erfreuen konnten.

Das unzufriedene Mäuschen

Es war einmal ein weißes Mäuschen, das sehr unzufrieden war, weil es nicht rot oder grün oder gelb aussah. Den Eltern des Mäuschens war die weiße Farbe ganz recht, und so fühlte sich das kleine Mäusekind sehr einsam und unverstanden. Aus Kummer lief es fort, und als es wieder nach Hause kam, da hatte es eine feuerrote Farbe. Es war nämlich in ein Glas Himbeerlimonade gefallen. Zu seinem Leidwesen wurde es von allen anderen Mäusen ausgelacht und bekam nun vor lauter Wut ein noch viel roteres Fellchen als zuvor.

Seine Mutter hatte Mitleid mit ihm und steckte es in die Badewanne. Dort wusch und schrubbte sie so lange, bis die rote Farbe aus dem Fellchen verschwand und das Mäuslein wieder so weiß war wie früher. Es legte sich zum Trocknen auf die Wiese.

Doch als es aufwachte, da war es noch grüner als das grüne Gras. Während es schlief, hatte das Gras auf sein Fellchen abgefärbt. Und unser Mäuschen sah nun aus wie ein grünes Gespenst.

Darüber erschrak es so sehr, daß es erbleichte und plötzlich von den Ohrenspitzen bis zum Schwanzende wieder weiß wie Schnee war. Nun hatte es genug von den bunten Farben! Es wollte weiß bleiben, so wie es einst auf die Welt gekommen war.

Und es gab von da an fein säuberlich acht, daß kein einziges Schmutzfleckchen auf sein blütenweißes Pelzchen kam.

Piepsis Geburtstag

„Pieps", sagte das kleine Mäuschen Piepsi eines Morgens, „heute habe ich Geburtstag — das wollen

alle tanzten um eine einzige kleine Maus im Kreis herum — wohl weil sie Geburtstag hatte, dachte Felix. „Geburtstag ist Geburtstag", sagte er zu sich, "und ein Geburtstagsfest will ich nicht stören. Morgen ist auch noch Zeit, auf die Mäusejagd zu gehen." Und Felix machte kehrt, und legte sich schnurrend in seinen warmen Katzenkorb.

Das schwarze Schaf

Vor langer, langer Zeit trugen in einem fernen Land alle Leute nur weiße Gewänder. Die Kleider machten sie aus der Wolle der vielen tausend weißer Schafe, die auf den Wiesen und Weiden des Landes umherliefen. Auch der alte Hirt Bartholomäus zog mit seiner weißwolligen Herde durch die Heide, und alles ging gut und hatte seine Ordnung. Bis er eines Tages unter sei-

wir feiern! Zuerst werden wir eine Geburtstagstorte backen, und dann gehen wir auf den Speicher und halten einen Mäuseball ab!"

„Pieps! Pieps!" schrien die anderen Mäuse begeistert, „das ist ein großartiger Einfall! Pieps! Pieps!" Von dem Lärm, den sie machten, wachte Felix, der schwarze Kater, auf. „Was ist los?" miaute er, „ich werde diese frechen Mäuse gleich zum Schweigen bringen!"

Damit schlich er auf leisen Pfoten die Treppe hinauf zum Speicher und lugte durch den Türspalt. Eigentlich hatte er ja ein paar Mäuse fangen und aufessen wollen; aber was er nun erblickte, das brachte ihn zum Lachen. Es sah so aus, als wären die Mäuse aus der ganzen Nachbarschaft versammelt. Und

nen jungen weißen Lämmlein ein pechschwarzes entdeckte. So etwas hatte er noch nie gesehen. Auch die anderen Schafe nicht! Sie starrten das schwarze Lämmlein böse an und verstießen es aus der Herde. Es lief hinter den anderen Schafen und blieb schließlich am Straßenrand liegen. Da fand es ein Bedienter des Königs, nahm es mitleidig mit nach Hause und versorgte es mit allem, was so ein junges Geschöpfchen braucht. Es wuchs heran und bekam ein dichtes, glänzend schwarzes Fell. Und als es der Schafscherer eines Tages geschoren hatte, da lag ein dicker Ballen herrlicher schwarzer Wolle auf dem Boden. Der König hörte davon und ließ sich die Wolle bringen. „Hurra!" rief er bei ihrem Anblick erfreut. „Das ist ein großer Augenblick in unserer Landesgeschichte! Es ist die erste schwarze Wolle auf dieser Erde!" Er ließ sie verspinnen und aus dem Garn ein feines Tuch weben.

Und der Hofschneider bekam den Auftrag, dem König ein Festgewand daraus zu nähen. Und so geschah es. Seit diesem Tag tragen auch viele andere Menschen an den Festtagen nur noch schwarze Kleider. Dem ersten schwarzen Schaf aber setzte der König ein schönes Denkmal, und das Tierchen selbst durfte im königlichen Schafstall leben.

Der Kuchenbaum

„Krims-krams-Krümelchen — was tust du da? Was tust du da?" So fragte die Vogelmutter ihr kleines Vogelkind, das auf einem Ast des Lindenbaums saß und ein kleines

Stückchen Kuchen aß. Der Kleine ging aber so ungeschickt damit um, daß viele Krümelchen auf die Erde fielen und nur wenig von dem guten Kuchen in des Vögelchens Magen gelangte. „Was bist du für ein dummes Kind!" sagte die Vogelmutter. „Vögel sollen doch keinen Kuchen essen, sondern Regenwürmer. Nun liegt der Boden voll Krümel, und gleich werden da Kuchenbäume aufgehen." So wie die Mutter es gesagt hatte, so geschah es. Nach ein paar Wochen sproßten unter der Linde kleine Kuchenbäume hervor. Sie wuchsen und hingen bald voll der besten Kuchen. Die Kinder aus der Nachbarschaft kamen herbei, aßen von den süßen Kuchen und schrien und tobten um die Kuchenbäume herum. Sie wurden so laut, daß es die

Vögel auf dem Lindenbaum nicht mehr aushielten und auf einen anderen Baum flogen. Und so kommt es, daß jetzt die Kuchen für die Kinder da sind, die Vögel sich aber weiterhin Regenwürmer suchen müssen. Und das ist doch richtig, meint ihr nicht auch?''

Die Fliege im Milchglas

Kreuz und quer durch die Küche flog eine kleine, lustige Fliege und summte ihr Fliegenliedchen dazu. Sie spielte mit den Staubkörnchen, die fröhlich in den Sonnenstrahlen tanzten, und lief eifrig die Fensterscheiben hinauf und hinunter. Dann flog sie wieder umher und ließ sich schließlich zum Ausruhen auf dem Frühstückstisch nieder.

Dort gab es allerlei Leckerbissen für die Fliege. Brot- und Kuchenkrümel, verstreuten Zucker und ein Milchglas. Sie naschte von allem, und dann wollte sie ihren Durst mit einem Schlückchen Milch löschen.

Doch als sie sich über den Rand des Milchglases beugte, verlor sie das Gleichgewicht und fiel mitten in die weiße, fette Milch hinein. Was sollte sie jetzt tun? Elendlich in der Milch ertrinken? Glücklicherweise hatte sie einen guten Einfall! Mit ihren kleinen Füßchen strampelte sie so heftig und so lange in dem Glas herum, bis sich die Milch in Butter verwandelt hatte. Nun hatte sie wieder festen Boden unter den Füßen, stieß sich ab und flog vorsichtig davon. Dann putzte sie ihre Flügelchen und tanzte wieder um die Wette mit den Sonnenstäubchen.

Der Hühnerbraten

,,Ich hätte Lust auf einen Hühnerbraten'', dachte Reineke Fuchs und lief zum Hühnerhof. Er setzte ein sanftes Gesicht auf und sagte zu einem Huhn, das besonders dumm aussah: ,,Tag, mein Herzchen! Hast du nicht Lust, mit mir heute abend essen zu gehen? Ich weiß ein feines Wirtshaus, wo es die besten Happen gibt!'' — ,,Ach, Herr Reineke'', sagte das dumme Huhn, ,,ich möchte wohl mitkommen. Doch der Bauer paßt auf und läßt uns nicht weg.'' — ,,Aber mein Hühnchen'', antwortete der Fuchs, ,,das macht doch nichts. Wir warten, bis der Bauer um sechs Uhr zum Essen ins Haus geht, und dann laufen wir zusammen fort.'' Pünktlich um sechs stand der Fuchs am Hoftor, und das dumme Huhn ging wirklich mit ihm in den Wald hinein. Als sie zum Fuchsloch kamen, fragte das Huhn: ,,Soll dies das feine Wirtshaus sein? Das ist doch ein Fuchsloch! Und

den Wald hinein, kugelte auf dem weichen Moos herum und schlug Purzelbäume. Er bellte zu den Vögeln hinauf und spielte Soldaten mit den Kaninchen. Sein Schwänzchen wedelte vor Vergnügen.

Als Foxi das merkte, wollte er sein Schwänzchen fangen und tanzte im Kreis herum, um es zu erwischen. Das war ein so lustiger Anblick, daß zwei Eichhörnchen hoch droben in den Ästen anfingen zu lachen und Foxi aus Spaß mit Nüssen beschossen. Foxi las die Nüsse auf, und als eine von ihnen in den Waldteich fiel, sprang er ihr nach. Da merkte er, daß er schwimmen konnte, so, als hätte er seit Jahren Schwimmstunden gehabt. So verlebte Foxi einen herrlichen Ferien-

jetzt weiß ich auch, was du vorhast!'' Erschreckt rannte das Huhn davon. Beinahe hätte es der Fuchs erwischt, doch der Bauer und der Hofhund kamen dazwischen und verjagten ihn. ,,Dummes Huhn ...!'' sagte der Bauer. ,,Dieses Mal hast du noch Glück gehabt, weil unser Hofhund den Fuchs gerochen hat. Das nächste Mal könnte es aber schlimm für dich ausgehen.''

Das Huhn war froh über seine Rettung und legte aus Dankbarkeit in der folgenden Woche jeden Tag ein Extraei.

Foxi macht Ferien

Foxi war ein braver Wachhund. Den ganzen Winter über hatte er treu und brav das Haus gehütet, jetzt, im Frühling, fand er, könnte er einmal einen Tag Ferien machen. Also lief er eines schönen Morgens in

tag im Wald. Als er abends müde wurde, lief er nach Hause, aß seinen Napf leer und legte sich zum Schlafen in seine Hundehütte. Da träumte er — was wohl? Er träumte von dem wunderschönen Ferientag im Wald.

Im Traumland

Komm, gib mir die Hand, mein Kindchen! Ich bin der Sandmann und will dich jetzt in ein wunderschönes Zauberland führen. Dort wachsen Schokoladenblumen zwischen Moos und Zuckerstückchen auf den Bäumen. Aus den Quellen

fließt Himbeersprudel, und in einem Lebkuchenhaus steht ein Kühlschrank voller Eiskrem für dich. In der Luft fliegen gebratene Hühnchen, und die Wege sind mit Kuchenstückchen gepflastert. Aber es ist ein weiter Weg bis dorthin! Komm, ich streue dir ein wenig Sand in die Augen, und dann fliegen wir alle beide fort durch die Lüfte — bis hin zum Traumland!

Der reiche König

Es war einmal ein reicher König, der tat den ganzen Tag über nichts anderes, als sein Geld zählen. Er wurde reicher und immer reicher und kam mit dem Geldzählen fast nicht mehr nach. Auch taten ihm allmählich die Hände so weh, daß ihm die Goldstücke oft aus den Fingern fielen. Eines Tages wurde der König krank und bekam das Goldfieber, eine sehr schlimme und ansteckende Krankheit. Er konnte keine Besuche mehr empfangen, und alle ließen ihn allein. Eines Tages hatte der kranke König einen Traum. Er träumte von einer großen Wiese mit vielen bunten Blumen. Weiße Schafe liefen auf ihr umher und glückliche Kühe. Und er selbst spazierte mit fröhlichem Gesicht mitten zwischen ihnen. Dann stieg er auf einen Berg und ließ sich von der Sonne bescheinen. Und zum erstenmal in seinem Leben hörte er die Vögel singen. Es war so schön, daß er gar nicht aufhören wollte zu träumen.
Doch schließlich wachte er doch auf und dachte lange über seinen Traum nach und faßte dann einen Entschluß. All sein Geld gab er den

anderes getan. Sie drehte sich nach links und rechts und wirbelte herum, so daß sie ihr rotes Westchen verlor und dann ihr Röckchen und schließlich die Schuhe; zuletzt hatte sie nur noch ihr Hemdchen an. Da mußte sie wohl aufhören zu tanzen. Ein paar Wochen später war ihr Geburtstag. Und wißt ihr, was Bombo und Mimi ihr schenkten? Ein kleines Ballettröckchen und Tanzschuhe! Nun war sie endlich eine richtige Tänzerin, und jeden Abend, wenn der Mond ins Zimmer schien, tanzte Pirouette zierlich hin und her. Und Bombo und Mimi machten wieder die Musik dazu.

Armen und behielt nur ein paar Goldstücke für sich zurück. Mit denen wanderte er in die weite Welt hinaus. Er genas von seiner Krankheit und lebte glücklich und gesund noch viele Jahre.

Die Tanzpuppe Pirouette

Sie saßen nebeneinander an der Wand im Kinderzimmer: Bombo, der Bär, Mini, die Katze, und Pirouette, das Püppchen. Die Kinder schliefen schon, und draußen war es dunkel. Der Mond malte einen hellen Kringel auf den Zimmerboden, so daß es im Spielzimmer schön hell war. Die kleine Pirouette hätte zu gern einmal getanzt. So stand sie auf, stellte sich ins Mondlicht und machte ein paar Tanzschritte. Das ging so gut, daß sie weitertanzte. Und als Bombo und Mimi ein wenig Musik dazu brummten und miauten, schwebte sie so leicht dahin, als hätte sie nie etwas

Muhmuh, die Kuh

Muhmuh war eine schöne schwarzweiß gefleckte Kuh. Im Winter stand sie im Stall, im Sommer aber

Der Affe

Es lebte einmal irgendwo
ein Affe stillvergnügt im Zoo.
Der las im Kochbuch noch und noch
und meint, jetzt wäre er ein Koch.

Nun hat er Zweige abgebrochen
und will daraus Gemüse kochen.
Er würzt es mit Muskat und Zwiebel,
doch leider wird ihm davon übel.

Nun will er es einmal versuchen
mit einem runden Zwetschgenkuchen
Er hat ins Feuer ihn gerollt,
und dort ist er dann ganz verkohlt.

Zuletzt verliert er die Geduld
und gibt dem dummen Kochbuch schuld
Die Schrift drin sei verblaßt gewesen –
ich aber glaub, er kann nicht lesen!

durfte sie hinaus auf die Weide und freute sich da am saftigen Gras, an der lieben Sonne und am Gesang der Vögel. Stundenlang konnte sie ihnen zuhören, und schließlich versuchte sie selbst einmal zu singen. Doch mehr als Muhmuh brachte sie nicht zustande. Und das klang genauso wie das Muhen der anderen Kühe. Muhmuh war darüber recht traurig, und sie aß besonders viele Butterblumen, um ihre Kehle zu schmieren. Aber das half auch nicht. Als es einmal viele Tage hintereinander geregnet hatte, trat der Bach über seine Ufer und überschwemmte die ganze Weide. Die arme Kuh stand bald bis zu den Knien im Wasser und hatte schon Angst, sie müßte ertrinken. „Muhmuh!" rief sie da laut. „Muhmuh! Leute, helft mir doch!" Ein Glück, daß sie so laut muhen konnte! Der Bauer hörte sie, zog sie aus dem Wasser und führte sie in den trockenen Stall. Dort sagte die Kuh Muhmuh erleichtert zu sich: „Wie bin ich froh, daß ich noch muhen kann! Denn mit Singen wie ein Vöglein hätte ich mein Leben nicht retten können!"

Der Bär mit den bunten Söckchen

Es war einmal ein kleiner, lustiger Bär, der immer kalte Füße hatte. Manches Mal setzte er sich an den

Straßenrand und fing an, seine Fußsohlen zu reiben. Solange, wie er rieb, hatte er warme Füße. Hörte er damit auf, dann waren sie sofort wieder kalt.

Ein Bär hat aber auch noch andere Dinge zu tun, als am Straßenrand zu sitzen und seine Füße warmzureiben!

Deshalb bestellte er bei Fräulein Strickstrumpf sieben Paar Söckchen aus dicker, dicker Wolle in sieben verschiedenen Farben: Blaue für Montag, gelbe für Dienstag, grüne für Mittwoch, orangefarbene für Donnerstag, violette für Freitag, feuerrote für Samstag und weiße für den Sonntag. Da wollte er genau so elegant und feierlich gekleidet sein wie die Leute, die auf dem Marktplatz spazierengingen.

Der Fuchs ist schlauer als der Löwe

Es war einmal ein alter Löwe, der nicht mehr auf die Jagd gehen konnte. Er hatte schon eine ganze Weile seinen Magen nicht mehr füllen können und dachte nun an das Sprichwort: „Wer nicht stark ist, muß klug sein!" So ließ er den Tieren sagen, er sei sehr krank, und sie sollten eines nach dem anderen zu

ihm kommen, damit er Abschied von ihnen nehmen könnte. Da kam zuerst das Schaf zu Besuch, am nächsten Tag eine Ziege, dann ein Kalb, dann ein paar Kaninchen, dann auch noch ein Rehkitz, ein Bärchen und noch viele andere Tiere. Nur der Fuchs ließ sich Zeit. Schließlich kam er doch vor die Löwenhöhle, aber hinein ging er nicht. Er begrüßte den Löwen und sagte: „Guten Tag, Majestät. Ich sehe an den Fußspuren, daß viel Besuch da war. Und sicher geht es Euch jetzt wieder besser." — „Aber lieber Fuchs, komm doch herein", sagte der Löwe und machte sein freundlichstes Gesicht. Doch der schlaue Fuchs antwortete: „Nein, danke, Majestät. Ich wünsche Euch von hier aus alles Gute. Mit ist aufgefallen, daß alle Fußspuren hinein in Eure Höhle führen, aber keine einzige heraus. — Nein, Majestät, ich bleibe hier draußen. Ich wünsche Euch gute Besserung, aber ein Fuchs ist noch immer schlauer als ein Löwe. Guten Tag!"

Der Regenbogen

Die Sonne hatte sich viele Stunden lang angestrengt, um die Erde so schön wie möglich zu machen. Das Gras war grün, das Korn gelb und die Blumen schillerten in allen Farben. „Was für ein schöner Tag!" sagten die Menschen zueinander. Auch die Sonne schaute zufrieden auf die Erde hinab. Dabei übersah sie eine Regenwolke, die auf sie zukam. Sie wurde größer und größer und verdeckte schließlich die ganze Sonne. Die bunten Farben verschwanden, und alles wurde grau.

Als der Regen zu fallen begann, wurden alle Menschen sehr traurig, denn nun war ihnen der schöne Tag verdorben. Doch die Sonne hatte ein kleines Loch in der Wolke entdeckt, und durch das schickte sie nun nacheinander viele bunte Farben hinunter auf die Erde — rote und gelbe und blaue und grüne. Die spannten sich als prächtiger, farbiger Bogen über die Felder und Wälder aus. So hatte die Sonne mit dem bunten Regenbogen die graue Regenwolke doch noch besiegt.

Die kleinen Frühaufsteher

Zwei kleine Katzen, Mussi und Schnussi, spazierten in aller Frühe durch die Straßen der Stadt. Die lagen still und leer da. Nur ein paar Straßenkehrer waren zu sehen, und dort drüben ein Milchmann mit seinem Milchwagen. Die Kätzchen bekamen Lust auf Milch und liefen rasch zum Milchmann hinüber. Der

stieg aus seinem Wagen und gab jeder ein Schüsselchen Milch zu trinken. Dazu sagte er:,,Trinkt nur tüchtig, ihr Kätzchen. Und weil ihr heute meine allerbesten Kunden seid, braucht ihr auch nichts zu bezahlen!'' Mussi und Schnussi leckten die Schüsselchen fein säuberlich leer, dann schnurrten sie, rieben dankbar ihre Köpfchen an den Hosenbeinen des Milchmanns und sagten zu ihm: ,,Das war sehr lieb von Ihnen, Herr Milchmann. Aus Dankbarkeit wollen wir Ihnen auch die erste Maus bringen, die wir heute fangen!'' Da mußte der Milchmann herzlich lachen. ,,Nein, ihr Kätzchen, tut das nicht! Es ist zwar ein netter Einfall von euch, aber ich kann die Maus nicht brauchen. Lauft nur weiter, und wenn ich euch zwei Frühaufstehern morgen wieder begegne, dann soll jedes von euch wieder ein Schüsselchen Milch bekommen!''

Der kleine Cowboy

Auf der großen „Texasfarm" mitten im Cowboyland lebte der kleine Tommi Texas. Er fühlte sich schon ganz als echter Cowboy und konnte den richtigen Cowboys bei ihrer Arbeit stundenlang zusehen — wenn sie die Pferde mit dem Lasso einfingen und die widerspenstigen Tiere zähmten. Eines schönen Tages bekam Tommi von seinem Vater ein

eigenes Pferd, dazu noch einen Cowboyhut und ein Lasso.

Nun mußte er nur noch einen hübschen Namen für das Pferdchen finden. Er nannte es Goldpfeil. Ein feiner Name, nicht wahr? Tommi hatte nun aber nicht nur ein Pferd, er hatte auch ein Schwesterchen, die Annie. Sie verkleidete sich am liebsten als Indianerfrau, und zusammen spielten sie dann oft India-

ner- und Cowboyspiele. In der großen, weiten Prärie hatten sie dazu Platz genug. Und Goldpfeil war bei den Spielen immer mit dabei. Denn das Pferd war ein liebes, sanftes Tier, ohne Launen und Tücken. Tommis Vater hatte es selbst aus der großen Herde wilder Pferde mit dem Lasso herausgefangen und es gezähmt. Und als Goldpfeil einige Zeit mit Tommi und Annie verbracht hatte, zeigte sich's, daß es das frommste Pferd war, das man sich denken kann. Tommis Vater hatte das auf den ersten Blick erkannt, als Goldpfeil noch mit der Herde lief. So klug war Tommis Vater. Und so klug wie sein Vater wollte Tommi selbst auch einmal werden. Und ich bin sicher, daß ihm das gelingen wird.

Die Spinne Kleopatra

Die alte Spinne saß müde in ihrem zerrissenen Spinnennetz und wartete. Wartete worauf? Auf eine Fliege? Ein Käferchen? Einen kleinen Sonnenstrahl, an dem sie sich wärmen konnte? Da hörte sie Kinder springen und singen. Sie waren wohl beim Seilhüpfen und sangen dazu: „Füßchen, heb dich! Seilchen, dreh dich ..." Ach ja, Seilchen, dreh dich! Die alte Spinne mußte an ihr Seilchen, an ihren dünnen Spinnfaden denken, mit dem sie früher so fleißig ihr Netz gesponnen hatte. Und sie war nie müde geworden, bevor sie nicht den äußersten Faden gedreht hatte. „Ihr habt mich an etwas erinnert, ihr Kinder", sagte da die alte Kleopatra und ging hurtig daran ihr kaputtes Netz zu flicken.

Die Schäfchenwolke

Hoch droben am blauen Sommerhimmel stand eine Schar weißer, duftiger Schäfchenwolken. Fluffy war eines von ihnen, und Fluffy hatte große Pläne! Als der Wind vorbeikam, sagte Fluffy zu ihm: „Nimm mich mit auf die Reise! Ich möchte mir die ganze Welt besehen!" Doch der Wind sagte: „Wo ich hinfliege, da ist es eisig kalt! Du wirst dich dort erkälten!" Doch Fluffy bat so lange, bis der Wind das kleine Wölkchen mit sich nahm und vor sich her blies.

Das gefiel Fluffy zuerst sehr gut, doch als sie an den Nordpol kamen, fror es so sehr, daß es sich in Schnee verwandelte und auf die Erde fiel.

Da sah es die liebe Sonne liegen und dachte: „Wie kommt Fluffy nur in diese kalte Gegend? Ich will das kleine Wölkchen wieder nach Hause bringen!"

Und die Sonne hob Fluffy auf und nahm es mit zurück in das warme Land, aus dem es gekommen war. Nun steht es wieder weiß und duftig und wollig am Himmel bei den anderen Schäfchenwolken.

Das Schwämmchen

Tief unten auf dem Meeresboden wachsen die Schwämme. Die Menschen tauchen nach ihnen und holen sie in Körben herauf. Die größten Schwämme braucht man zum Autowaschen, mit den mittleren waschen sich die Menschen selbst, und mit den kleinen werden die Babys gebadet. Nur die ganz kleinen braucht man nicht; sie bleiben im Meer zurück. Eines von diesen winzigkleinen Schwämmchen war darüber so traurig, denn es hätte sich doch auch zu gern nützlich gemacht. Eines Tages wurde es nun aber doch abgepflückt und kam in einen Laden. Dort kaufte es die Mutter von Berni Dick. Berni arbeitete in einem großen Büro und mußte dort die Briefmarken auf die vielen, vielen Briefe aufkleben, jeden Tag und von früh bis abends. Und um sie naß zu machen, leckte er jede Marke mit der Zunge ab und sagte dazu „Bäh!", denn der Leim auf den Briefmarken schmeckte abscheulich. Als Berni Geburtstag hatte, gab ihm seine Mutter ein Schächtelchen mit einem ganz kleinen Geschenkchen darin. Doch noch nie war Berni so glücklich über ein Geschenk gewesen. Mutter hatte das Schwämmchen in ein kleines Glas gelegt, und nun konnte Berni es anfeuchten und beim Briefmarkenaufkleben verwenden. Das war das allererste Male, daß ein Schwämmchen für diesen Zweck benutzt wurde. Von diesem Tag an brauchte kein einziger Briefmarkenaufkleber mehr mit seiner Zunge die Briefmarken abzulecken. Und die kleinen Briefmarkenschwämmchen sind glücklich, daß sie nun auch zu etwas nütze sind.

Das Kätzchen und die Elster

Mutter konnte ihren Ring nicht finden, den schönen Ring, den ihr Vater kürzlich geschenkt hatte. Jeder half ihr suchen, Vati, die Kinder und auch das kleine Kätzchen Minni. Und Minni fiel plötzlich ein, daß sie gestern die schwarze Elster auf dem Fensterbrett hatte sitzen sehen. Die Elster aber hatte schon immer alles gestohlen, was glänzte und glitzerte. Und Mutters Ring glänzte ja so hell ...

Schnell lief Minni in den Garten. Und richtig, da oben auf einem Baum saß die Elster mit dem Ring im Schnabel. Was tun? Auf den Baum klettern? Da wäre die Elster doch längst davongeflogen! Also mußte Minni etwas anderes einfallen. Sie sprang in die Küche und holte einen silbernen Löffel. Den knüpfte sie an einen Bindfaden und legte ihn unter den Baum. Sie konnte sehen, mit welch begehrlichen Augen die Elster nach dem glänzenden Löffel schielte. Aber zwei Dinge auf einmal konnte die Elster nicht mit ihrem Schnabel festhalten. Sie ließ den Ring fallen und wollte den Löffel packen. Darauf hatte Minni nur gewartet. Flugs hob sie den Ring auf, und an dem Bindfaden zog sie den silbernen Löffel hinter sich her. Wie freuten sich da alle.

Mutti, die Kinder und die brave Minni. Nur die Elster war böse auf sich selbst, weil sie dümmer gewesen war als die kleine Minni.

Die schönsten Geschichten
GUTE-NACHT-GESCHICHTEN
Teil 2

Esel bleibt Esel

Ein Esel fand einmal ein Löwenfell. Er zog es an und sah, daß alle Tiere aus Angst vor ihm wegliefen. Der Bär, die Giraffe, das Kamel und sogar der starke Elefant. Nur der schlaue Fuchs blieb sitzen, wo er saß, und wartete ruhig ab. Um auch ihm Angst zu machen, versuchte der Esel zu brüllen, und er brüllte laut iah-iha! Da wußte der Fuchs, daß der Löwe ein Esel war. Denn ein Esel bleibt immer ein Esel, auch wenn er in einem Löwenfell steckt.

Das furchtlose Häslein

Im tiefsten Wald kam einst ein Häslein zur Welt, das so furchtsam war, daß es vor jedem Windhauch, vor jedem knisternden Zweiglein, ja vor jedem Flügelschlag eines Vogels erschrak. Sein Name war Hasenfuß. An seinem ersten Geburtstag, als alle seine Hasenfreunde bei ihm zu Besuch waren, verkündete es: „Ich habe vor nichts auf der Welt Angst!"

Es schrie dabei so laut, daß der ganze Wald und alle Tiere, die darin lebten, es hörten, auch der Wolf, der in der Nähe lauerte.

Neugierig kam er herbei, um sich den Prahlhans näher anzusehen und ihn dann aufzufressen.

Doch Hasenfuß erblickte ihn und sein kleines Herz fing ängstlich an zu schlagen. In seinem Schrecken machte er einen Luftsprung und landete aus Versehen auf dem Nakken des Wolfs, rollte über dessen Rücken hinunter und schlug nochmals einen runden Purzelbaum. Der Wolf aber glaubte, der Stoß auf seinem Genick sei der Schuß aus eines Jägers Gewehr gewesen und rannte in Riesensprüngen davon.

Der Esel und der Grashüpfer

Ein Esel war vom Gezirpe eines Grashüpfers so entzückt, daß er beschloß, auch zirpen zu lernen. So fragte er den Grashüpfer, womit er sich ernähre, denn er glaubte, die

besondere Nahrung müsse das Geheimnis sein. „Ich lebe nur vom Tau auf den Gräsern", sagte der Grashüpfer. Da nahm auch der Esel nur noch Tautropfen zu sich. Doch bald starb er vor Hunger — und hat niemals gelernt, so schön wie der Grashüpfer zu zirpen.

Die zwei Schornsteinfeger

Es waren einmal zwei Schornsteinfeger, Vittorio und Francesco. Sie sahen sehr würdevoll aus mit ihren großen, schwarzen Hüten. Aber in Wirklichkeit waren sie gar nicht würdevoll. Sie lachten miteinander und sangen viel bei ihrer Arbeit. Denn sie kamen aus Italien, und dort singt jedermann zu jeder Zeit in den höchsten Tönen. Von früh bis spät kletterten Vittorio und Francesco über die Dächer und putzten die Kamine. Bei ihrer Arbeit wurden die beiden natürlich sehr schwarz und rußig. Morgens, bevor sie mit der Arbeit anfingen, waren sie noch genauso sauber wie ande-

re Menschen auch, aber wenn sie abends zurückkamen — Junge, Junge, da waren sie vielleicht schmutzig! Aber das machte ihnen gar nichts aus. Denn sie hatten zwei gute Freunde, die hießen Wasser und Seife. Und wenn Vittorio und Francesco nach Hause kamen, dann balgten sie sich erst einmal ausgelassen mit diesen zwei Freunden herum — im Badezimmer! Danach sahen die zwei Schornsteinfeger wieder sauber und appetitlich aus, so als wären sie funkelnagelneu. Am nächsten Tag kletterten sie dann wieder über die Dächer, riefen „Buhbuh!" in die Schornsteine hinein und machten sich nichts daraus, daß sie so schwarz wurden. Aber ihr wißt ja auch, weshalb. Sind Wasser und Seife auch eure guten Freunde?

Der Pilz mit den weißen Pünktchen

Unter den grünen Bäumen im Wald standen allerlei Pilze, große und kleine, dicke und dünne, kugelige und flache. Einer war dabei, der sah anders aus als alle anderen Pilze. Er hatte einen roten Hut mit vielen weißen Pünktchen drauf. Ein Vogel, der vorbeiflog, rief belustigt: ,,Sieh mal an, ein roter Pilz mit weißen Tüpfelchen auf dem Kopf!" Der Pilz erschrak. Rot mit weißen Tüpfelchen — das war ja schrecklich. Da mußte er sich ja vor den anderen Pilzen schämen, die so schöne glatte weiße oder braune Köpfe hatten. Er wollte weglaufen und sich verstecken. Aber sein Fuß war ja festgewachsen, und so mußte er ausharren. Einmal kamen Kinder in den Wald zum Pilzesuchen. Als ein

kleiner Junge den roten Pilz mit den weißen Tüpfelchen sah — die Leute nennen ihn Fliegenpilz —, hätte er ihn gern abgepflückt. Er streckte schon seine Hand nach dem Pilz aus, da hielt ihn seine große Schwester zurück und sagte: ,,Nicht doch, Brüderchen! Den Pilz mit den weißen Pünktchen darf man nicht essen, denn man bekommt Bauchweh davon!" Und so entging der Fliegenpilz den Händchen des kleinen Jungen. Wie froh war er nun über seine weißen Tüpfelchen. Sie hatten ihm das Leben gerettet.

Die durstige Krähe

,,Wie bin ich doch so durstig", sagte die Krähe an einem heißen Sommernachmittag zu sich, ,,meine Zunge ist so trocken wie Staub und meine Kehle so rauh wie Sandpapier. Ist denn nirgends ein Tropfen Wasser zum Trinken da?"
Sie schaute rings umher, aber sie konnte kein Wasser entdecken. So flog sie auf einen Ast und wollte da auf den Regen warten. Doch es war ein schöner Sommertag, und die Sonne lachte am blauen Himmel. Ich muß weiter suchen, dachte sie, sonst sterbe ich noch vor Durst.
Da sah sie einen Tonkrug stehen, und als sie hineinschaute, rief sie laut ,,Hurra!", denn er war halb voll Wasser. Aber ach, sie konnte das Wasser mit ihrem Schnabel nicht erreichen. Sie setzte sich auf den Rand des Kruges und beugte sich hinein, so tief sie nur konnte. Aber es half nichts. Ob ich ihn wohl umwerfen soll? überlegte sie, doch nein, dann würde das Wasser nur im Sand versickern.

Durch das offene Fenster hörte er, wie ein kleines Kind schrie und weinte. Seine Mutter schalt, weil das Kind schrie, und das Kind schrie, weil die Mutter es schalt. „Sei still, du unartiges Kind", hörte der Wolf die Mutter sagen, „wenn du nicht aufhörst zu schreien, werfe ich dich zum Fenster hinaus zu den Wölfen!" „Aha", sagte der Wolf zu sich, „ich brauche nicht weiterzulaufen. Wenn ich ein wenig warte, wirft man mir mein Futter zum Fenster hinaus!" Als das Kind weiterschrie und die Mutter ihm noch einmal drohte, lief dem Wolf schon das Wasser im Munde zusammen. Eine Weile war es still. Doch dann fing das Kind wieder an zu schreien. Da konnte es der Wolf vor Ungeduld nicht mehr aushalten, und er schaute hinein in das Zimmer. Als die Mutter das häßliche Tier mit dem aufgerissenen Rachen und der gierigen, roten Zunge sah, erschrak sie. „Fort mit dir, du böser Wolf", rief sie, „wenn du nicht gleich verschwindest, erschieße ich dich!"

Da hatte sie plötzlich einen klugen Einfall! Sie pickte einen Stein auf und warf ihn in den Krug — gleich stieg das Wasser ein winziges Stückchen in die Höhe. Sie warf noch einen Stein hinein, und das Wasser stieg wieder ein wenig. Und nun warf sie Stein um Stein hinein, bis der Krug so voll war, daß das Wasser bis oben am Rand stand. Nun konnte sie nach Herzenslust trinken. Noch nie hatte sich die Krähe wegen eines Trunkes Wasser so anstrengen müssen, aber auch noch nie hatte ihr gewöhnliches Brunnenwasser so gut geschmeckt!

Versprochen ist versprochen

Ein Wolf schlich durch die Gegend und knurrte vor Hunger. Aber Felder und Wälder waren leer, genau so leer wie sein Magen. Also machte er sich auf den Weg zu dem Haus, das oben auf einem Hügel lag.

Der Wolf rannte voller Angst davon und brummte ärgerlich vor sich hin: „So sind die Menschen! Erst versprechen sie einem etwas, und dann halten sie es nicht. Versprochen ist doch versprochen!"

Der kleine Indianer

Mexi, der kleine Indianer, wohnte in der Nähe eines großen Flusses. Wenn er spielen wollte, buddelte er im Sand, oder er kletterte auf die Palmen. Eines Tages wurde ihm das langweilig; er stieg in sein kleines Boot und ruderte auf dem Fluß davon. Die Sonne lachte in sich hinein, als sie den kleinen Jungen auf dem großen Fluß erblickte. Er wird nicht weit kommen, dachte sie, es ist heute viel zu heiß für eine große Reise.

Aber Mexi machte sich nichts aus der Hitze und ruderte munter weiter. Bald kam er in eine wunderschöne Gegend mit vielen hohen Bäumen, auf denen buntgefiederte Vögel ihr Liedlein sangen. Unter den Farnkräutern blühten Tausende von Blumen, und dazwischen stand ein Parasolpilz, so groß wie Mexis Regenschirm zu Hause.

Ja hier gefiel es ihm, hier wollte er gern bleiben. Nun spürte er aber doch plötzlich die warmen Sonnenstrahlen; er wurde müde, und die Augen fielen ihm zu. Das Ruder entglitt seiner Hand, und die Strömung trieb das Boot ans Ufer. Da wachte der kleine Entdeckungsreisende mit einem Ruck auf und wunderte sich, daß die Reise schon zu Ende war.

Aber was für hübsche Dinge hatte er an diesem Tag gesehen — nie würde er sie vergessen.

Eselsschwänzchen

Es war ein regnerischer Sonntagnachmittag, und Vater sagte zu den Kindern: „Ich weiß ein hübsches Spiel — wer will mitmachen?" Peter und Paul, Susi und Moni hoben die Hand, und alle riefen: „Ich — ich — ich — ich!" „Gut so", sagte der Vater und zeichnete mit raschen Strichen ein hübsches Eselchen auf einen großen Bogen Papier. Aber, o weh, es hatte keinen Schwanz! Doch Vater malte den Schwanz auf ein anderes Stück Papier und sagte: „So, nun müßt ihr dem Eselchen seinen Schwanz anheften, aber an die richtige Stelle!" „Das ist doch nicht schwer!" riefen die Kinder, „für dieses Spiel sind wir doch schon viel zu groß!"

„O nein", sagte der Vater darauf, „ich verbinde euch vorher die Augen, so daß ihr nichts seht!" Da riefen alle: „Fein, das wird ein richtiger Spaß!"

Peter war der erste. Vater band ihm die Augen zu und drehte ihn dreimal im Kreis herum. „Mut, Peter, das Eselchen wartet schon auf seinen Schwanz!" Aber es war wirklich nicht leicht. Peter heftete den Schwanz mit einem Reißnagel — ans Kinn des Eselchens, das nun aussah, als hätte es einen Bart. Dann war Moni an der Reihe; sie pickte den Schwanz auf den Rücken des Tierleins, und Susi machte aus dem Schwänzchen ein fünftes Bein. Zuletzt versuchte es der kleine Paul — und siehe, er steckte den Schwanz an die richtige Stelle. Alle klatschten in die Hände und freuten sich, daß gerade der kleinste so geschickt war.

Ein hübsches Spiel, nicht wahr? Es heißt Eselsschwänzchen. Und wenn es einmal regnet und ihr nicht wißt, was ihr tun sollt, dann spielt es doch auch einmal!

Peter Waghals

Lori, die kleine Katze auf dem Hof von Bauer Ackermann, saß auf der Fensterbank und schnurrte. Das Fenster stand offen, die Sonne schien, und hoch oben in den Zweigen sangen die Vögel. Lori hörte

ihre Liedchen und schaute sich vorsichtig um. Und plötzlich war sie mit einem Satz auf dem Baum. Doch die Vögel waren schnell auf und davon geflogen. Von einem anderen Baum riefen sie: „Ätsch, Fräulein Lori, ätsch!" Die arme Lori schielte verdrießlich auf ihre kleine schwarze Nase. Da saß sie nun und konnte nicht mehr hinunter. Was sollte sie tun? Sie miaute! Sie miaute so laut, daß Pitter Flink sie hörte. Pitter war ein richtiger Waghals, dem niemals bange wurde. Er kletterte rasch auf den Baum, nahm Lori in den Arm und wollte mit ihr wieder nach unten klettern. Da rutschte er aus, verlor Lori, die nun allein heruntersprang, und fiel und fiel, bis er glücklich mit seinem Jöppchen an einem Ast hängen blieb. Da zappelte der kleine Waghals nun und schrie und heulte. Vater Ackermann hörte ihn, holte flugs eine Leiter und brachte seinen Jungen wohlbehalten auf den Boden zurück. Pitters Beine zitterten noch ein wenig von dem ausgestandenen Schrecken, und er versprach, niemals mehr so waghalsig zu sein.

Die alte Ritterburg

In einer Ecke der Rumpelkammer lagen viele alte Spielsachen auf einem großen Haufen. Die meisten waren kaputt, und niemand kümmerte sich mehr um sie. Eines Tages kam Mutter mit dem kleinen Robert in die Kammer, um aufzuräumen. Alle unbrauchbaren Dinge wurden für die Müllabfuhr zurechtgelegt, und so landete auch die alte Ritterburg, mit der Robert immer so gern gespielt hatte, zuoberst auf dem Müllwagen. Robert sah ihr vom Fenster aus betrübt nach. Da — plötzlich fiel die Burg herunter auf die Straße, und Robert rannte zum Haus hinaus, hob sie auf und versteckte sie hinter dem Fliederbusch. Ein paar Tage später kam er in den Garten, um nach der alten Burg zu sehen.
Und was erblickte er da? Ein Vögelchen hatte in der Burg sein Nest gebaut und saß brütend auf den Eiern.

„Guten Tag, Robertchen", sagte der Vogel, „deine Burg hat eine schöne Wohnung für mich abgegeben. Ich werde dir dafür jeden Abend ein Liedchen singen."
Und der kleine Vogel kam wirklich Nacht für Nacht ans Fenster und sang ein Schlafliedchen für Robert. Später, als die Jungen ausgeschlüpft und flügge geworden waren, flogen auch sie herbei und sangen zusammen mit den Vogeleltern den kleinen Robert jeden Abend in den Schlaf.

Die Witfrau und ihre Mägde

Es war einmal eine alte Witfrau, die war sehr streng mit ihren Mägden. Sommer wie Winter mußten die Mädchen aufstehen, sobald der Hahn krähte. Da beschlossen sie, den Hahn zu töten. Die Frau würde dann nicht so früh wach werden und sie nicht schon in der Dunkelheit aufwecken. Gesagt, getan.

schrocken versteckte sich die Feldmaus in einem Mauseloch. Nach einer kleinen Weile schlüpfte sie wieder heraus. Und als sie aufs neue anfangen wollte zu essen, kam schon wieder die Köchin herein. Da flüchtete die Feldmaus aus der Küche und rief ihrer Freundin, der Stadtmaus zu: „Du hast wirklich Mut, nur wegen dem guten Essen hier zu leben! Ich gehe lieber zurück zu meinen Getreidekörnern und meinem sicheren Mauseloch auf dem Feld!"

Doch statt daß es besser für die Mädchen wurde, wurde es schlimmer. Die alte Frau schlief nämlich sehr schlecht und hatte sich immer nach dem Hahnenschrei gerichtet. Jetzt weckte sie die Mädchen oft mitten in der Nacht, und die Mädchen mußten früher aufstehen und mehr arbeiten als bisher.

Die Feldmaus und die Stadtmaus

Eine Stadtmaus kam zu einer Feldmaus zu Besuch. Als die ihr nur Körner und Stroh zum Essen anbot, zog sie ihr Schnäuzchen kraus. „Komm mit in die Stadt", sagte sie, „da kann ich dir allerlei Köstliches vorsetzen." Sie gingen also zusammen in die Stadt, und in der Küche der Stadtmaus lagen tatsächlich Kuchen und Speck in großen Mengen herum. Die Feldmaus wollte sich gerade ans Essen machen, da kam die Köchin herein. Und er-

Der Fuchs und der Storch

Es war einmal ein Fuchs, der nichts lieber tat, als seinen guten Freunden einen Streich zu spielen. So lud er einmal den Storch zum Abendessen ein.
Als der Storch kam, tischte der Fuchs zwei Teller mit herrlich duftender Suppe auf.
Der Storch, der mit seinem langen Schnabel nicht vom Teller essen konnte, sagte: „Ich bringe die Suppe leider nicht hinunter!" „Wie schade", sagte da der boshafte Fuchs, „da muß wohl ich deinen Teller leer essen und bekomme so eine zweite Portion!"

Goldglöckchen und die drei Bären

Am Waldrand lebten in einem hübschen Häuschen drei Bären, ein großer, ein mittlerer und ein kleiner Bär. Sie hatten ein kleines, mittleres und ein Riesenbett, auch einen kleinen, einen gewöhnlichen und einen Riesenstuhl, und auf dem Tisch standen ein kleiner, ein mittlerer und ein Riesenteller. Während der Brei in den Tellern abkühlte, machten die Bären zusammen immer noch einen Spaziergang. Eines Abends kam ein Mädchen, Goldglöckchen geheißen, zu dem Häuschen und ging hinein. Es war aber kein gutes Mädchen, sonst hätte sie nicht einfach ein fremdes Haus betreten, ohne vorher anzuklopfen. Sie probierte den Brei — einer war ihr zu salzig, der andere zu süß, erst der Brei auf dem kleinsten Teller schmeckte ihr, und sie aß ihn auf. Dann probierte sie die drei Stühle, und dabei zerbrach der kleinste Stuhl. Als sie müde wurde, legte sie sich zuerst ins Riesenbett, dann in das mittlere; erst das kleinste gefiel ihr, und sie schlief darin. Als die Bären nach Hause kamen, merkten sie, daß jemand Fremdes in ihrem Häuschen sein mußte. „Jemand hat von meinem Brei gegessen", brummte der große Bär. „Von meinem auch", schimpfte der mittlere Bär. „Und mein Teller ist ganz leer!" rief der kleinste Bär. Dann sahen sie auch noch das kaputte Stühlchen vom kleinen Bären. Als sie nach oben gingen, waren da die Betten in Unordnung. Im kleinsten lag das Mädchen und schlief. „Da liegt ja ein Mädchen in meinem Bett und schläft!" rief der kleinste Bär

Der Storch sagte nichts, lud aber den Fuchs am nächsten Tag ebenfalls zum Essen ein. Es roch so gut, daß dem Fuchs das Wasser im Munde zusammenlief. „Setz dich hin, Füchslein", sagte der Storch, „und laß es dir gut schmecken. Ich fange schon einmal mit dem Essen an!" Damit tauchte er seinen langen Schnabel in eine große Flasche, die mit einer köstlichen Suppe gefüllt war. Auch vor dem Fuchs stand eine solche Flasche, doch er konnte seine dicke Schnauze nicht in den engen Flaschenhals hineinstecken.

nen, glaubte er sich schon dem Hungertod nah. Da sah er ein paar Trauben an einem hohen Weinstock hängen. Er sprang so hoch, wie es nur ging, aber er konnte sie nicht erreichen. Er versuchte es noch ein paarmal, aber immer vergebens. Da lief er davon und murrte im Fortgehen: „Die Trauben sind sicher sauer, ich will sie ja gar nicht haben!"

verwundert aus. Davon erwachte Goldglöckchen und hüpfte schnell aus dem Bett. Sie war über die Bären so erschrocken, daß sie um keinen Preis länger in dem Bärenhaus bleiben wollte. Eilig sprang sie davon, ohne sich zu bedanken und zu verabschieden. Und die drei Bären haben Goldglöckchen nie wiedergesehen.

Der Fuchs und die Trauben

Als der Fuchs ein paar Tage lang kein Kaninchen gefangen hatte und auch kein Huhn hatte stehlen kön-

Das gute und das böse Mädchen

Eine Witwe hatte zwei Töchter. Die älteste war wie ihre Mutter faul und neidisch. Und mit ihren Launen machten sie der Jüngsten, die ein liebes, hübsches und fleißiges Kind war, das Leben zur Hölle. Sie mußte alle niedere Arbeit verrichten und jeden Tag Wasser am Brunnen holen. Eines schönen Tages kam ein Bettelweib, das in Wirklichkeit eine verkleidete gute Fee war, an den Brunnen, und bat das Mädchen um einen Schluck Wasser. Das Mädchen ließ sie gern aus seinem Krug trinken, und die Alte bedankte sich dafür und sagte: „Du bist ein liebes

Kind. Ich will dich belohnen. Bei jedem Wort, das du sprichst, sollen Blumen und Edelsteine aus deinem Mund kommen." Als das Mädchen nach Hause kam, wurde es von seiner Mutter ausgescholten, weil es so lange fortgeblieben war. Da erzählte die Kleine, was sie erlebt hatte, und bei jedem Wort fielen Blumen und Edelsteine von ihren Lippen. Da dachte die neidische Mutter bei sich: „Diese alte Hexe muß auch meine Lieblingstochter verzaubern ..." Sie schickte also ihre Älteste zum Brunnen und befahl ihr, der alten Frau zu trinken zu geben, wenn diese darum bat. Das Mädchen hatte dazu keine Lust, doch die Mutter erzählte ihr von dem großen Reichtum, den sie auf diese Weise erwerben konnte. Als sie nun doch zum Brunnen ging, stand da eine reichgekleidete Dame, die um einen Schluck Wasser bat. „Ihr könnt genausogut Wasser schöpfen wie ich", maulte das Mädchen unfreundlich. Da sagte die Fee, die sich für dieses Mal in schöne Kleider gehüllt hatte: „Was für häßliche Worte! Dafür will ich dich bestrafen! Bei jedem Wort, das du sprichst, sollen dir Kröten und Schlangen aus dem Mund springen!" „Ach, nein!" rief das Mädchen, und da hüpften ihr schon zwei Kröten von den Lippen. Sie rannte nach Hause und erzählte der Mutter, was ihr zugestoßen war. Und dabei regnete es Kröten und Schlangen aus ihrem Mund. Die Mutter war wütend. „Deine schlechte Schwester hat uns betrogen!" rief sie und jagte das arme Ding, die jüngere Schwester, aus dem Haus. Weinend lief das Mädchen im Wald umher, bis es dort dem Königssohn begegnete. Der fragte sie mitleidig, warum sie denn weinte, und sie erzählte ihm alles. Und bei jedem Wort von ihr fielen Blumen und Edelsteine zu Boden. „Was für ein wunderschönes Mädchen", dachte der Königssohn. „Ich werde sie zu meiner Frau machen, und sie macht mich zum reichsten Mann mit ihren kostbaren Edelsteinen." Er fragte sie also ob sie ihn heiraten wolle. Und da sie „ja" sagte, setzte er sie zu sich aufs Pferd und ritt mit ihr heim in sein Schloß.

Die Prinzessin auf der Erbse

Es war einmal ein Prinz, der wollte nur eine echte Prinzessin zur Frau nehmen. Er suchte überall und

lernte auch viele Prinzessinnen kennen. Doch an allen hatte er etwas auszusetzen. Eines Nachts, als gerade ein schreckliches Unwetter wütete, klopfte es am Schloßtor. Draußen stand ein ganz durchnäßtes, schmutziges Mädchen, das um Einlaß bat. Es sagte aber, es sei eine Prinzessin. „Kann sein, kann aber auch nicht sein", dachte die Königsmutter und richtete der Fremden ein Lager für die Nacht. Zuunterst legte sie zwanzig Matratzen, darauf zwanzig dicke Federbetten, und unter das alles versteckte sie eine Erbse. Die Prinzessin mußte auf eine Leiter klettern, um ins Bett zu gelangen. Am nächsten Morgen fragte die Königin! „Wie hast du heute nacht geschlafen?" — „Schrecklich schlecht!" jammerte das Mädchen. „Es lag etwas Hartes in meinem Bett, das mich so drückte, daß ich nicht schlafen konnte." Da wußte die Königin, daß dies eine echte Prinzessin war. Sie erzählte es ihrem Sohn, und der war glücklich, daß endlich die richtige Braut gefunden war. Er bat die Prinzessin um ihre Hand, und bald darauf heirateten sie und wurden ein glückliches Paar.

Doch der Hase lachte die Schildkröte aus und sprang und hopste nun erst recht vor ihr hin und her und in die Luft. „Du siehst wirklich sehr lächerlich aus", sagte die Schildkröte, „das alles macht gar keinen Eindruck auf mich!"

Die ruhige Schildkröte

„Weshalb schleichst du so langsam dahin?" rief der Hase einer Schildkröte zu. „Weil ich so kurze Beine habe, wie alle Schildkröten", antwortete sie, „und langsam gehen ist nicht so gefährlich wie deine tollen Luftsprünge!"

Hans und der Bohnenstock

Eine arme Witwe sagte eines Tages zu Hans, ihrem Sohn: „Bring unsere Kuh zum Markt und verkaufe sie zu einem guten Preis. Für das Geld kaufst du dann Küken und Hafer und Saat für das nächste Jahr." Der Junge ging also mit der Kuh fort und begegnete unterwegs einem alten Mann. Der sagte zu ihm: „Für die magere Kuh wirst du nicht viel Geld bekommen. Gib sie mir, und du kriegst dafür von mir einen Ballen Bohnenstroh." Der Junge war einverstanden und ging mit dem Bohnenstroh zurück nach Hause. Dort schalt seine Mutter: „Du dummer Junge! Wie konntest du nur so einen schlechten Handel

machen! Jetzt haben wir kein Geld und nur dies Bohnenstroh!" Als der Junge am nächsten Morgen aus seinem Fenster guckte, sah er, daß aus dem Bohnenstroh eine mächtige Bohnenpflanze herausgewachsen war, die bis hinauf zu den Wolken reichte. Er kletterte daran bis an die oberste Spitze empor. Von dort führte ein Weg zu einem prächtigen Haus. In der Tür stand eine ellenlange Frau, die rief ihm zu: "Du kannst hier nicht herein! Mein Mann ist ein Riese und frißt alle Kinder!" Doch Hans sagte zu ihr, daß er von der langen Kletterpartie sehr hungrig wäre. Da ließ sie ihn ein und gab ihm Brot und Käse zu essen. Mit einemmal kam der Riese nach Hause. Da versteckte die Frau den fremden Jungen schnell im Ofen. Der Riese holte aber eine fette Henne aus seinem Reisesack und befahl ihr: "Leg!" Da legte die Henne ein goldenes Ei. Und jedesmal, wenn der Riese sagte: "Leg!", da legte die Henne wieder ein goldenes Ei. Dann aß der Riese zu Abend und schlief ein. Seine Frau ließ Hans aus dem Ofen heraus, und der ergriff schnell die goldenen Eier und die Henne und rannte zum Bohnenstock. Als der Riese aufwachte und ihn verfolgen wollte, da war Hans schon lange zur Erde hinuntergeklettert. Unten angelangt, hackte er den Bohnenstock ab. Der Riese, der ihm hatte nachklettern wollen, stürzte hinunter und war auf der Stelle tot. Jetzt konnten Hans und seine Mutter alles kaufen, was sie wollten. Und wenn ihnen das Geld ausging, dann sagten sie nur zu der Henne: "Leg!", und die legte weiterhin viele goldene Eier.

Der Esel, der Ochse und der Bauer

Es war einmal ein Bauer, der verstand die Sprache der Tiere. In einem seiner Ställe lebten ein Ochse und ein Esel zusammen. Jeden Tag, wenn der Ochse von seiner schweren Arbeit auf dem Feld zurückkam, fand er den Esel faul im Stroh liegen. „Wie gut du es hast", sagte er zu dem Esel. „Du brauchst nichts zu tun, während ich den ganzen Tag über harte Arbeit leisten muß." Der Bauer hatte zugehört und vernahm nun auch die Antwort des Esels: „Du mußt dich krankstellen, das Futter verweigern und liegenbleiben, auch wenn sie dich schlagen. Auf diese Weise kannst du ein paar Tage Ruhe finden." Als der Knecht am nächsten Tag dem Bauer meldete, daß der Ochse krank wäre, sagte der Bauer: „Dann nimm den Esel und spann ihn vor den Pflug." Zwei Tage lang mußte der Esel die harte Arbeit des Ochsen verrichten und bereute bald seinen dummen Einfall. Deshalb sagte er zu dem Ochsen: „Ich habe schlechte Nachrichten für dich. Der Bauer hat gesagt, daß er dich schlachten will, wenn du nicht bald gesund wirst." Der Ochse dankte dem Esel für seine Warnung, und am nächsten Morgen stand er wieder fröhlich auf den Beinen und ließ sich vor den Pflug spannen.

aber sehr habgierig. Seine Lehrlinge mußten von früh bis spät schwer arbeiten, so daß sie oft vor Müdigkeit nicht mehr aus den Augen schauen konnten. Als ein neuer Lehrling eintrat und sah, wie sich die Jungen plagen mußten, dachte er: „Das muß anders werden ..." Wie der Schneider nun abends einmal aus der Kirche heimkehrte, sah er eine große, leuchtende Gestalt auf sich zukommen. Die sprach zu ihm: „Ich bin der Erzengel Gabriel. Knie nieder und beichte deine Sünden!" Da kniete der Schneider nieder und beichtete alles, was ihm einfiel. „Das ist doch noch nicht alles!" sagte der Erzengel. „Beichte und bereue alles, sonst kommst du

Der Schneider und seine Lehrlinge

Es lebte einmal ein Schneider, der war tüchtig in seinem Handwerk, nicht in den Himmel!" — „Was denn?" sagte erschrocken der Schneider. „Du läßt deine Lehrlinge aus lauter Habsucht bis tief in die Nacht hinein arbeiten. Das muß sich ändern!" — „Ich gelobe es! Ich will mich bessern!" rief der Schneider aus und stand auf — doch da war die Gestalt verschwunden. Als er nach Hause kam, sagte er zu den Lehrlingen: „Macht Schluß mit der Arbeit! Es ist eine Sünde, am Sonntag zu arbeiten!" Die Jungens freuten sich wie toll, und als der Schneider weg war, klopften sie dem jüngsten Lehrling auf die Schultern und sagten: „Ein Bettlaken, ein paar Stelzen und eine Laterne! Du warst ein großartiger Erzengel!" Fortan brauchten sie nicht mehr so lange zu arbeiten, und sonntags hatten sie frei.

Der Fischer und der Flaschengeist

Einen ganzen Tag lang hatte der Fischer gefischt, ohne etwas zu fangen. Da sah er in seinem Netz plötzlich eine Flasche liegen, die mit Blei versiegelt war, und neugierig löste er das Siegel. Da kam aus der Flasche eine dicke Rauchwolke heraus, welche die Gestalt eines gewaltig großen Geistes annahm. Der Geist brüllte: „Danke, daß du mich herausgelassen hast! Jetzt aber bereite dich zum Sterben vor!" „Ist das eine Art, sich zu bedanken?" stammelte der erschrockene Fischer. Da fing der Geist an zu erzählen: „König Salomon hat mich wegen meines Ungehorsams in die Flasche eingesperrt. Hundert Jahre lang habe ich auf dem Grund des

Meeres gelegen und geschworen, daß ich meinen Befreier zu einem reichen Mann machen will. Doch ich blieb weitere hundert Jahre liegen. Da gelobte ich, meinen Befreier zu allen Schätzen dieser Erde zu verhelfen. Nach nochmals hundert Jahren wurde ich wütend und schwor, daß ich meinen Befreier töten würde." Der Fischer verwünschte sein Schicksal und erkannte, daß er sein Leben nur durch seine Schläue retten konnte. So sagte er zum Flaschengeist: „Bevor du mich tötest, erkläre mir eines: Ich kann nämlich nicht glauben, daß ein so gewaltiges Wesen wie du in diese kleine Flasche hineinpaßt. Meine Augen müssen mich betrogen haben!" — „Wie kommst du dazu, an meinen Worten zu zweifeln?" schrie der Geist erbost und verwandelte sich wieder in eine Rauchwolke. Die schlüpfte schnell in die Flasche hinein. So wollte er dem Fischer beweisen, daß er nicht gelogen hatte. Der Fischer aber nahm geschwind das Blei und versiegelte damit die Flasche wieder. Schon wollte er sie zurück ins Meer werfen, da gelobte ihm der Geist mit seinem Ehrenwort, ihm treu zu dienen, wenn er ihn nur wieder herausließe. Das tat der Fischer, und dank der Zauberkraft des Flaschengeistes wurde er zu einem reichen und mächtigen Mann.

Jan, der Riesentöter

Im Süden von England lebte einst ein Junge, Jan genannt, der den ganzen Tag vor sich hinträumte. Nahe bei seinem Dorf lag ein Berg, in dem der Riese Cormoran hauste. Dieser Cormoran stahl den Bauern immer wieder ihre Schafe, Schweine und Kühe, ohne daß sie sich dagegen wehren konnten. Doch Jan beschloß, etwas gegen den Riesen zu unternehmen. Er ging zu dem Berg und grub an dessen Fuß ein tiefes Loch. Darauf legte er Zweige und Blätter, so daß man es nicht erkennen konnte. Als er fertig war, blies er laut auf seinem Hirtenhorn. Cormoran sprang aus seiner Höhle und schrie: „Wie kannst du es wagen, so laut das Horn zu blasen!" Jan rannte schnell davon, der Riese hinter ihm her. Und natürlich fiel er in das tiefe Loch. Und bevor er wieder herausklettern konnte, tötete ihn Jan mit einem Keulenschlag auf den Kopf. Als die Leute aus dem Dorf das vernahmen, gaben sie Jan ein Schwert und einen gestickten Gürtel und nannten ihn von da an nur noch „Jan, der Riesentöter".

Die Wanderburschen und der Bär

Zwei Freunde wanderten auf einem Waldweg dahin, als plötzlich ein Bär auftauchte. Einer von den Burschen kletterte rasch auf einen Baum, der andere ließ sich zu Boden fallen und stellte sich tot. Da kam der Bär heran und schnüffelte an seiner Nase und seinen Ohren. Dann trollte er sich wieder davon. Als er verschwunden war, sprang der andere Bursche vom Baum herunter und fragte seinen Wandergesellen: „Was hat der Bär dir denn ins Ohr geflüstert?" Und sein Freund antwortete: „Der Bär sagte, daß ich nicht mehr mit einem Freund auf Wanderschaft gehen soll, der mich im Stich läßt, wenn eine Gefahr droht!"

Schneewittchen

Es war einmal ein kleines Mädchen, das hieß Schneewittchen. Ihre Mutter war gestorben, und ihr Vater hatte wieder geheiratet, so daß Schneewittchen jetzt eine Stiefmutter hatte. Die war wohl sehr hübsch, aber auch recht böse und eifersüchtig. Sie stellte sich vor den Spiegel und fragte: „Spieglein, Spieglein an der Wand, wer ist die Schönste im ganzen Land?" Und der Spiegel antwortete: „Schneewittchen ist die Schönste!" Da wurde die Stiefmutter wütend und schickte einen Diener mit Schneewittchen in den Wald. Dort sollte er das Mädchen töten. Er brachte es aber nicht übers Herz und ließ sie leben. Und anstatt ihres Herzens brachte er der Stiefmutter das Herz eines Rehs, so daß sie glaubte, Schneewittchen sei wirklich tot. Das Mädchen aber lief weiter in den Wald hinein und kam bald zum Haus der sieben Zwerge. Die hatten Mitleid mit ihr und nahmen sie auf. Sie kochte und wusch für die Zwerge, war glücklich und zufrieden. Inzwischen hatte die Stiefmutter wieder einmal den Spiegel befragt, wer die Schönste sei. „Schneewittchen bei den sieben Zwergen", antwortete der. Da machte sich die Frau wü-

tend auf den Weg. Sie nahm einen Korb voll Äpfel mit und legte obenauf einen vergifteten Apfel. Als sie vor das Zwergenhaus kam, schaute Schneewittchen heraus. Und obwohl es ihr die Zwerge verboten hatten, mit jemandem zu sprechen, unterhielt sie sich mit der Stiefmutter, die sich als Händlerin verkleidet hatte. Schneewittchen nahm auch den vergifteten Apfel als Geschenk an, biß hinein und fiel alsogleich wie tot um. Ein Stück des giftigen Apfels war in ihrem Hals steckengeblieben!

Als die Zwerge abends heimkamen, fanden sie das leblose Schneewittchen am Boden liegen. Sie weinten und jammerten und legten sie in ei-

nen gläsernen Sarg, damit sie das hübsche Mädchen noch recht lange anschauen konnten. Eines Tages kam ein junger Prinz vorbeigeritten. Der sah das liebliche Mädchen im Sarg liegen und fragte die Zwerge, was das zu bedeuten hätte. Sie erzählten ihm alles, und da ihm Schneewittchen gut gefiel, beugte sich der Prinz nieder und gab ihr einen Kuß. Da sah er, wie sie die Augenlider bewegte. Er hob sie zu sich auf sein Pferd, und wie sie sich aufrichtete, sprang ihr das Apfelstückchen aus dem Mund, und sie öffnete die Augen. Da fragte der Prinz, ob sie seine Frau werden wollte, und sie sagte glückstrahlend „ja". Dann ritten sie zusammen aufs Schloß, wo sie getraut wurden. Als die böse Stiefmutter davon erfuhr, wurde sie so wütend, daß sie zerplatzte wie eine Seifenblase. Schneewittchen aber wurde glücklich mit ihrem Prinzen, und die sieben Zwerge kamen oft zu Besuch ins Königsschloß.

Aschenbrödel

Es war einmal ein liebes junges Mädchen. Das lebte im Haus seiner drei Stiefschwestern. Die plagten es und ließen es alle schmutzige Arbeit verrichten. Das Mädchen hatte nur Lumpen anzuziehen und mußte in der Küche im Aschenkasten schlafen. Deshalb hieß es auch Aschenbrödel. Eines Tages ließ der Sohn des Königs alle jungen Mädchen des Landes zu einem Hofball einladen. Bei dieser Gelegenheit wollte er sich die Schönste als Braut aussuchen. Die Stiefschwestern ließen sich prächtige neue Kleider machen und drehten sich hin und her vorm Spiegel. Als sie zum Ball aufbrachen, sagten sie zu Aschenbrödel: „Sieh zu, daß du mit der Arbeit fertig wirst, bevor du im Aschenkasten schlafen gehst!"

Aschenbrödel war sehr traurig, denn zu gerne wäre auch sie zum Ball des Prinzen gegangen. Sie weinte bittere Tränen. Da stand plötzlich eine wunderschöne Fee vor ihr und sagte: „Weine nicht, Aschenbrödel! Ich bin deine Patin!" Dann berührte sie Aschenbrödel, und schon waren deren Lumpen-

kleider in ein seidenes, diamantenbesetztes Gewand verwandelt. Dann zauberte die Fee noch eine goldene Kutsche mit einem Kutscher und sechs weißen Pferden herbei. Jetzt konnte Aschenbrödel wie eine Prinzessin zum Ball fahren. Vorher aber hatte ihr die Fee noch zugerufen. ,,Denk daran, daß du vor Mitternacht zu Hause sein mußt, denn länger hält die Verzauberung nicht an!" Als Aschenbrödel in den Ballsaal trat, staunten alle über ihre Schönheit, und der Prinz wollte nur noch mit ihr tanzen.

Noch ehe es Mitternacht schlug, verließ Aschenbrödel das Fest und sprang eilig davon. Dabei verlor sie eines ihrer hübschen Schühchen. Der Prinz war ihr nachgeeilt; aber er fand nur noch den Schuh. Nun ließ er im ganzen Land nach dem Mädchen suchen, dem der zierliche Schuh gehörte. Alle jungen Mädchen mußten das Schühchen anprobieren, aber keiner paßte es. Auch die drei Stiefschwestern probierten es an, doch sie hatten viel zu große Füße! Eine hatte sogar ihre große Zehe abgeschnitten, aber der Schuh paßte immer noch nicht. Auch Aschenbrödel mußte in den Schuh schlüpfen, obwohl sie doch voller Asche war und so häßlich und schmutzig aussah. Aber siehe — das Schühchen paßte wie angemessen. Und der Prinz erkannte durch all die Lumpen und all den Schmutz hindurch seine schöne Tänzerin, freite um sie und machte sie zu seiner Frau. Die drei bösen Stiefschwestern aber mußten nun ihre Arbeit selbst verrichten und hatten niemanden mehr, mit dem sie schelten konnten.

Die Löwin und der Fuchs

Alle Tiere kamen einmal zusammen und prahlten voreinander mit ihren großen Familien. Nur die Löwin sagte kein Wort und schaute ruhig zu. Da sagte der Fuchs zu ihr: ,,Sieh dir meine stattliche Familie an, sechs pelzige, wollige Jungfüchschen. Wieviele Junge bekommst du denn im Jahr?" ,,Nur eines", sagte die Löwin, ,,aber das ist dann auch ein Löwe!"

Rotkäppchen

Ein kleines Mädchen namens Rotkäppchen war auf dem Weg zu seiner Großmutter. Sein Weg führte es durch einen dunklen Wald, wo ein böser Wolf hauste. Er sah das Rotkäppchen und sagte zu sich: ,,Wenn ich mich beeile, bin ich früher als die Kleine bei ihrer Großmutter. Zuerst fresse ich die Alte und dann die Junge, wenn sie kommt." Schnell rannte er fort zum Haus der Großmutter, klopfte an und rief mit feiner Stimme: ,,Das Rotkäppchen ist hier, laß mich ein, liebe Großmutter!" Die alte Frau öffnete die Tür, und der Wolf sprang herein und verschlang sie. Dann setzte er ihre Nachtmütze auf und legte sich ins Bett. Rotkäppchen hatte in einem Körbchen Kuchen und Wein für die Großmutter. Nun pflückte sie ihr auch noch einen Blumenstauß und ging dann zu Großmutters Haus. Sie klopfte, und der Wolf rief mit verstellter Stimme: ,,Komm nur herein, liebes Kind!" Und Rotkäppchen trat ein und wunderte sich über das veränderte Gesicht der Großmutter. ,,Was du für große Augen hast", sagte das Kind.

„Damit ich dich besser sehen kann", antwortete der Wolf. „Aber Großmutter, was hast du für einen großen Mund", sagte das Kind weiter. „Damit ich dich besser fressen kann", rief der Wolf, sprang aus dem Bett und verschlang das Rotkäppchen. Dann legte er sich wieder hin, schlief ein und schnarchte so laut, daß es der Jäger im Walde hörte. Der verwunderte sich und ging hinein in Großmutters Haus. Als er den Wolf im Bett liegen sah, schlug er ihm den Kopf ab und schnitt ihm den Bauch auf. Und nacheinander sprangen das Rotkäppchen und seine Großmutter heraus. Sie hatten sich sehr geängstigt, doch es war ihnen nichts geschehen. Und fröhlich aßen sie zusammen mit dem Jägersmann den Kuchen und tranken den Wein dazu.

Der Fuchs und der Hahn

Der Fuchs sagte zum Hahn: „Mir scheint, daß du nicht so laut krähen kannst wie dein Vater!" Da schloß der Hahn die Augen und krähte so laut, wie er konnte. Der Fuchs packte ihn und rannte mit ihm davon. Alle Dorfleute liefen hinterher und schrien: „Der Fuchs hat unseren Hahn gestohlen: „Die dummen Leute meinen, ich wäre ihr Hahn. Sag ihnen doch, daß ich dein Hahn bin." Der Fuchs öffnete das Maul zum Sprechen, und im gleichen Augenblick flog der Hahn davon auf einen hohen Baum und krähte: „Er lügt! Ich bin nicht sein Hahn, ich bin euer Hahn!" Und der Fuchs hatte das Nachsehen.

Die Witwe und das Huhn

Eine Witwe hatte ein schönes braunes Huhn, das jeden Tag ein Ei legte. „Wenn ich dem Huhn doppelt soviel zu fressen gebe, dann legt es bestimmt jeden Tag zwei Eier", dachte die Frau. Aber ihr Plan mißlang. Das Huhn wurde so fett und faul, daß es überhaupt keine Eier mehr legte.

Der goldene Apfel

Die Götter hatten sich zu einem Fest auf dem Olymp versammelt. Alle waren dazu eingeladen, nur nicht die Göttin der Zwietracht. Denn wo sie auftauchte, gab es Zank und Streit. Sie hörte aber von dem Fest und rächte sich nun auf ihre Weise an den Göttern. Mitten unter die Feiernden warf sie einen goldenen Apfel, auf dem geschrieben stand „Für die Schönste". Sogleich entstand ein großer Lärm, und alle Göttinnen stritten sich um den Apfel, denn jede hielt sich für die Schönste. Schließlich waren drei übrig geblieben: Hera, die oberste der Göttinnen, Athene, die Göttin der Weisheit, und Aphrodite, die Göttin der Liebe. Doch keiner der Götter mochte entscheiden, wer von ihnen die Schönste sei, und sie beschlossen, einem Sterb-

legt. Nach einiger Zeit traf Paris in der Stadt Sparta Helena, die Frau des Königs Menelaos. Sie schien ihm die schönste aller Frauen zu sein und er entführte sie nach Troja.

Der Bauer und seine Söhne

Ein alter Bauer lag auf dem Sterbebett und hatte nur noch den einen Wunsch, daß seine Söhne immer eine gute Ernte hätten. So rief er sie zu sich und sagte zu ihnen: „Mein ganzer Reichtum liegt in unserem Weinberg begraben!" Dann starb er. Die Söhne aber dachten, daß in dem Weinberg ein großer Schatz verborgen sein müsse. Und sie begannen zu graben und den ganzen Grund umzuwühlen. Natürlich fanden sie keinen Schatz. Aber die Erde war nun so gut bearbeitet, daß die Brüder im folgenden Jahr eine gewaltige Traubenernte hatten.

lichen das Urteil zu überlassen. So geschah es, daß vor dem schlafenden Hirtenjungen Paris plötzlich drei hohe Gestalten standen und ihn aufweckten. Sie gaben ihm den goldenen Apfel und sagten ihm, daß er ihn der schönsten von ihnen überreichen sollte. Er schaute verwundert von einer zur anderen, denn eine war schöner als die andere. Da flüsterte ihm Hera zu: „Wähle mich und ich werde dich zum mächtigsten Mann der Erde machen!" — „Ich bin Athene", murmelte die zweite, „wähle mich und ich werde dir unendliche Weisheit schenken!" Danach sagte die dritte ihm leise ins Ohr: „Wähle mich, und die schönste Frau der Welt soll die deine werden!" Paris reichte ihr den Apfel, und die Göttinnen verschwanden, der Streit war beige-

Der Esel und das Salz

Ein Kaufmann hatte erfahren, daß es an der Meeresküste billiges Salz zu kaufen gäbe. Deshalb ging er hin

zum Meer, belud seinen Esel mit Säcken voller Salz und zog heimwärts. Unterwegs mußte er einen Fluß überqueren. Dabei stolperte der Esel und fiel ins Wasser. Das Salz löste sich auf und der Esel kroch zurück ans Ufer, froh darüber, daß seine Last so leicht geworden war. Aber der Kaufmann machte rechtsumkehr und holte eine neue Ladung Salz, die doppelt so schwer war wie die erste. Das gefiel dem Esel gar nicht, und so strauchelte er absichtlich, als er wieder durch den Fluß mußte. Das Salz in den Säcken löste sich wieder auf, und der Esel freute sich, daß ihm der Streich gelungen war. Doch der Kaufmann ärgerte sich, und nun belud er den Esel mit einem Korb voller Schwämme aus dem Meer. Als sich der Esel wieder fallen ließ, saugten sich die Schwämme voll Wasser und waren nun sicher zehnmal so schwer wie zuerst. Das dumme Tier konnte nur

mit Mühe sein Leben retten und mußte nun die zehnmal so schwere Last nach Hause schleppen.

Frühling ist's!

„Frühling ist's", sagte der Sperling zur Taube. „Was du nicht sagst", erwiderte die Taube und schüttelte ihren dicken Kopf, „ich finde, es ist noch sehr rauh und kalt. Woher willst du denn so genau wissen, daß es Frühling ist?" „Paß auf", sagte der Sperling, „das ist so. Siehst du da unten auf der Straße die zwei Jungen mit den farbigen Mützen auf ihrem Kopf und die kleinen Mädchen mit den nackten Beinen und den kurzen Röckchen? Siehst du, das ist der Frühling. Und dort im Garten strecken die Krokus-

Das Rehlein mit den langen Beinen

Als Baldi, das junge Rehlein, zum ersten Mal allein im Wald spazieren lief, konnte es gar nicht verstehen, daß alle anderen Tiere vor ihm davonrannten. Es hätte so gern mit ihnen gespielt, aber sobald die Tiere es sahen, machten sie, daß sie davonkamen. „Warum tut ihr das?" fragte Baldi einen jungen Hasen, „ich tu' euch doch nichts!" Das Häschen antwortete: „Du hast so gräßlich lange Beine! Wenn du einmal böse mit uns wirst, dann können wir dir nicht davonlaufen, denn du holst uns alle ein." Baldi konnte das nicht verstehen; es hatte doch genau die gleichen Beine wie seine Eltern, und vor denen lief niemand weg. Betrübt ging Baldi zu seiner Mutter, doch die tröstete das Rehkind und sagte: „Komm, sieh' dich mal am Bach an." Und Baldi guckte ins Wasser und sah, daß seine Beine wirklich sehr, sehr lang waren.

se ihr Köpfchen aus dem Boden, und auf dem Rasen liegt noch ein bißchen Schnee, das ist auch der Frühling!" „Mein Lieber", sagte die dicke Taube drauf, „es bläst aber noch ein so kalter Wind! Nur die Sonne scheint vielleicht ein bißchen wärmer als bisher." „So ist es", sagte der Sperling, „Blumen und Schnee, Kälte, Regen, Wind und Sonne — das alles zusammen macht den Frühling."

Der Hirtenjunge und der Wolf

Einem Hirtenjungen wurde es bei seinen Schafen oft langweilig. Dann rannte er aus Jux ins Dorf und schrie: „Ein Wolf! Ein Wolf!" Und die Bauern eilten herbei, um ihm zu helfen, bis sie merkten, daß er sie zum Narren gehalten hatte. Eines Tages erschien nun wirklich ein großer Wolf bei der Herde. Doch als der Junge schrie: „Ein Wolf! Ein Wolf!", kam ihm keiner mehr zu Hilfe. Und der Wolf tötete alle seine Schafe.

„Das kommt daher", erklärte ihm seine Mutter, „daß du noch nicht ausgewachsen bist. Dein Körper und dein Köpfchen sind noch klein, nur deine Beine sind schon richtig lang gewachsen. Aber die Tiere werden sich daran gewöhnen. Geh' nur tapfer in den Wald hinein. Wenn die anderen merken, wie lieb du bist, dann werden sie auch gern mit dir spielen." So war es auch, und rasch hatte Baldi eine Menge guter Freunde unter den Tieren, die sich nicht mehr vor seinen langen, flinken Beinen fürchteten.

Mario und die Mäuse

Mario war ein großer, schwarzer Kater und gehörte der Familie Hoppelmann. Er war ein wunderbarer Mäusefänger, oder besser gesagt, die Mäuse hatten so schrecklich Angst vor ihm, daß sie ihre Mauselöcher verließen und zu Hoppelmanns Nachbarn zogen. Als sie den Hoppelmanns von den vielen Mäusen erzählten, boten ihnen die Hoppelmanns ihren Kater Mario zum Mäusefangen an. Also kam Mario zu den Nachbarn ins Haus. Doch als ihn die Mäuse dort sahen, packten sie eilig ihr Bündel und kehrten in das Haus von Familie Hoppelmann zurück. Denn wenn Mario jetzt bei den Nachbarn war, dann konnte er ihnen ja bei den Hoppelmanns nichts tun. Doch den Hoppelmanns gefiel es natürlich gar nicht, daß sie nun wieder Mäuse hatten, und schnell holten sie Mario zurück. So zogen die Mäuse wieder zu den Nachbarn, die liehen sich wieder den schwarzen Kater aus. Und so ging es hin und her, und glaubt mir, die Mäuse laufen auch heute noch von einem Haus ins andere und wieder zurück — alles wegen Mario.

Das unartige Kaninchen

Kleine Kinder und junge Tiere können sehr lieb sein, aber oft sind sie auch böse und unartig. Willi, das Kind von Marta, der Kaninchenmutter, war alles andere als lieb, es war ein freches kleines Jungkaninchen. Immer hatte Willi neue tolle Einfälle, und den ganzen Tag rannte er auf dem Bauernhof auf der Suche nach neuen Abenteuern umher. Sein bester Freund war das Schweinchen Pixi, und was Willi auch anstellte — Pixi fand es gut. Eines Tages lief Willi auf dem Hof weg und in den nahen Wald. Alle wußten, daß am Waldrand der schlaue Fuchs lauerte, um sich einen Braten zu fangen. Willi war das ganz gleichgültig, er wollte im Wald spielen, und damit basta! Als er so daherlief, sah ihn der Fuchs und dachte: „Das Kerlchen muß ich vorsichtig einfangen. Ich locke ihn von hier fort, sonst kommen die anderen Tiere vom Bauernhof und wollen ihm helfen!" Also machte er ein freundliches Gesicht, schlug Purzelbäume vor dem verblüfften Willi und legte seinen Arm um ihn — so, als wäre er sein bester Freund. In Wirklichkeit zog er den kleinen Willi bloß tiefer und tiefer in den Wald hinein. Pixi hatte beobachtet, wie sein Freund Willi ohne Erlaubnis aus dem Hof herausgelaufen war und folgte ihm heimlich. Als es merkte, in welcher Gefahr das dumme Kaninchen schwebte, lief das Schweinchen eilig zum Hof zurück und rief alle Tiere dort zu Hilfe. Zusammen rannten sie hinter dem Fuchs und Willi her und schrien und krakeelten so laut, daß der Fuchs erschreckt das kleine

Kaninchen losließ und mit einem großen Sprung im Wald verschwand. Willi wußte zuerst gar nicht, was da eigentlich los war. Doch dann erzählte ihm Pixi, wie gefährlich der Fuchs ist und daß der ihn, Willi, bestimmt aufgefressen hätte, wenn sie ihm nicht zu Hilfe gekommen wären. Dankbar und friedlich lief nun Willi neben seinem Retter Pixi her, und alle anderen Tiere, die Hühner und Küken, der kleine graue Hund Wummi und das Eichhörnchen, die Ente und selbst die Mäuschen freuten sich darüber, daß Willi nichts Böses geschehen war.

Krähe, Kuckuck und Eule

Ein Junge spielte mit seiner Schleuder im Walde und traf aus Versehen eine Eule. Die fühlte große Schmerzen und rief ihre Freundin, die Krähe, herbei. „Du mußt zum Kuckuck gehen und dich von ihm behandeln lassen. Er ist klug und versteht sich darauf!" sagte die Krähe.

Sie flogen also zusammen zum Kuckuck, und der untersuchte die Eule gründlich und fand in ihrem Körper ein Lehmkügelchen. Nun konnte er der Eule auch sagen, was sie ihm für die Behandlung zu bezahlen hatte.

„Ich werde dich schon bezahlen", rief die Eule ungeduldig, „aber erst erlöse mich von meinen Qualen!"

Als der Kuckuck zögerte, sagte die Krähe: „Hab keine Sorge! Ich bürge für die Eule!" Und das bedeutete, daß die Krähe bezahlen wollte, wenn die Eule es nicht konnte oder wollte.

„Schön, ich verschreibe der Eule eine Wasserkur", sagte der Kuckuck schließlich, „sie muß eine Weile in einem Wassertümpel sitzen, dann hören ihre Schmerzen auf."

Eule und Krähe flogen nun zusammen zu einem Wasserloch in der Nähe, und die Eule setzte sich für ein paar Stunden hinein. Das Wasser löste das Lehmkügelchen auf, und die Eule war von ihren Schmerzen befreit und flog erleichtert nach Hause.

Am nächsten Tag besuchte der Kuckuck die Eule und wollte dabei gleich seine Rechnung kassieren. Doch die Eule sagte: „Du hast mir ja nur Wasser verordnet, und das Wasser hat dich nichts gekostet!"

Da wandte sich der Kuckuck an die Krähe, die sich für die Eule verbürgt hatte. Die aber sagte: „Ich habe augenblicklich keinen Pfennig Geld!"

Das erboste den Kuckuck so sehr, daß er die Sache vor den Richter brachte. Und dieser verurteilte die Krähe, daß sie künftig die Jungen des Kuckucks aufzuziehen habe. Die Eule aber fürchtete den Zorn von Krähe und Kuckuck so sehr, daß sie nur noch des Nachts aus ihrem hohlen Baum herauskam.

Seit dieser Zeit fliegen alle Eulen nur noch in der Dunkelheit aus und legen alle Kuckucke ihre Eier den Krähen in die Nester.

Die schönsten Geschichten
GUTE-NACHT-GESCHICHTEN
Teil 3

daß ein so hübscher Vogel wie du nicht singen kann!" Die Krähe fühlte sich sehr geschmeichelt und wollte zeigen, daß sie auch singen könnte. Sie öffnete ihren Schnabel und rief laut: „Kraah-Kraah!" Dabei fiel ihr der Käse aus dem Schnabel. Der schlaue Fuchs packte ihn und lachte die Krähe aus: „Hahaha! Du hast vielleicht eine Stimme, aber bestimmt keinen Verstand!"

Die drei Ferkelchen

Es waren einmal drei kleine Ferkelchen. Zwei von ihnen waren lustige Kerlchen, die den ganzen Tag nur sangen und tanzten. Doch das dritte sagte: „Ihr solltet ein Häuschen bauen, in dem ihr euch vor dem bösen Wolf verstecken könnt!" Und es baute für sich selbst ein hübsches, kleines Haus aus festen Backsteinen. Da baute sich das erste Ferkel ein Häuschen aus Stroh. Doch als der Wolf kam, blies er das Strohhäuschen einfach um. Das erste Ferkel rannte zu dem zweiten. Das hatte sich ein Häuschen aus Reisig gebaut. Aber der Wolf war auch schon da und blies und blies, und da fiel auch das Reisighäuschen um. Nun rannten die zwei Ferkelchen zum dritten und bettelten: „Laß uns hinein in dein Häuschen! Der Wolf hat unsere umgeblasen und ist uns jetzt auf den Fersen!" Das dritte Ferkel ließ seine beiden Brüderchen herein. Und da heulte der Wolf auch schon: „Laßt mich auch hinein, oder ich blase das ganze Häuschen um!" — „Probier' es mal!" rief das dritte Ferkel. Doch der Wolf mochte blasen, soviel er wollte, das steinerne Häuschen fiel nicht um. Er stieg aufs Dach und

Der Fuchs und die Krähe

Eine Krähe hatte ein Stück Käse gestohlen und saß damit auf einem hohen Baum. Da kam ein Fuchs daher, der wollte den Käse gern für sich haben. So sagte er zu der Krähe: „Was für prächtige Augen du hast! Es ist doch jammerschade,

wollte duch den Schornstein hinein. Da machten die Ferkel ein großes Feuer im Kamin, und der Wolf fiel durch den Schornstein hinunter mitten in die Flammen. Und da verbrannte er elendiglich.

Der Müller und der Esel

Der Müller und sein Sohn brachten eines Tages ihren Esel zum Markt, um ihn dort zu verkaufen. Unterwegs begegneten sie einer Schar kichernder Mädchen, die riefen: „Schaut mal, die dummen Männer! Da laufen sie hinter einem Esel her, anstatt auf ihm zu reiten!" Der Müller hörte das und hieß seinen Sohn, auf den Esel zu steigen. Später kamen sie an einer Gruppe alter Männer vorbei, die sich in der Sonne wärmten. Die riefen: „So ist die heutige Jugend! Reitet daher und läßt den Alten zu Fuß laufen!" Der Müller dachte: „Eigentlich haben

sie recht!" Und setzte sich selbst auf den Rücken des Esels. Nach einigen Meilen trafen sie auf eine Schar junger Mütter mit ihren Kindern. Die Frauen riefen dem Müller nach: „Was für eine Schande! Ihr reitet auf dem Esel und laßt den armen Jungen zu Fuß hinterherlaufen!" Da ließ der Müller ihn hinter sich auf dem Esel Platz nehmen. So ritten sie weiter und kamen schließlich vor die Stadt. Dort gingen viele Menschen spazieren. Als sie den Müller mit dem Jungen auf ihrem Esel reiten sahen, riefen sie: „Was für eine schwere Last für einen so kleinen Esel! Ihr seid zwei starke Männer und solltet lieber den Esel tragen, als euch von ihm tragen zu lassen!" Da dachte der Müller: „Vielleicht haben die Leute recht! Wir wollen es doch gleich einmal probieren!" Also banden sie dem Esel die Füße zusammen und hin-

gen ihn, kopfunter, an einer Stange auf. Die nahmen sie auf die Schulter und gingen in die Stadt hinein. Die Leute liefen ihnen verwundert nach und schrien und lachten. Das erschreckte den Esel so, daß er scheu wurde und sich befreien wollte. Auf einer Brücke gelang es ihm, doch er fiel ins Wasser und ertrank. Da sagte der Müller traurig und beschämt: „Was sind wir zwei doch für Dummköpfe! Wir haben immer das getan, was die anderen Leute für richtig hielten. Wären wir lieber unserem eigenen Kopf gefolgt. Da hätten wir mehr Spaß gehabt. Und unseren guten Esel sind wir nun auch los!" Betrübt liefen sie zu Fuß in ihr Dorf zurück, und dort wurden sie dann noch einmal ausgelacht.

Die Mäuse und die Wiesel

Die Mäuse und die Wiesel führten miteinander Krieg, und immer waren es die Mäuse, die im Kampf unterlagen. Da berieten sie sich und fanden heraus, daß mehr Ordnung und Disziplin nötig wären. So ernannten sie einige Mäuse zu Generälen, welche die Truppen führen sollten. Diese Generäle wollten keine gewöhnlichen Mäuse mehr sein und setzten sich tolle Hüte mit Fe-

derschmuck auf den Kopf. Doch die nächste Schlacht verloren sie wieder. Alle gewöhnlichen Mäuse flüchteten sich in ihre Schlupflöcher, und die Wiesel konnten sich auf die herausgeputzten Mäusegeneräle stürzen und sie totbeißen. Daran sieht man wieder einmal, wie Eitelkeit zum Untergang führen kann.

„Töpfchen, koch!"

Es war einmal ein kleines Mädchen, das bei seiner armen Mutter lebte. Eines Tages wollte das Kind im

Wald Beeren suchen. Da begegnete es einer alten Frau, welche die Not des Kindes kannte. Sie schenkte der Kleinen einen Topf; wenn man zu dem sagte: „Töpfchen, koch!", dann kochte er süßen Brei. Wenn man aber sagte: „Töpfchen, steh!", dann hörte er auf zu kochen. Voll Freude brachte die Kleine ihrer Mutter den Topf, und von da an hatten sie jeden Tag genug zu essen und litten keinen Hunger mehr. Als das Mädchen einmal schlief, sagte die Mutter zu dem Topf: „Töpfchen, koch!" Sie aß, bis sie nicht mehr konnte, doch als sie den Topf zum Stehen bringen wollte, fiel ihr das richtige Wort nicht ein. Da kochte der Brei über den Topfrand und über den Herd und füllte bald die ganze Küche. Er quoll hinaus auf die Straßen, bis die ganze Stadt in süßem Brei versank. Endlich erwachte das Mädchen, und als es die Bescherung sah, rief es schnell: „Töpfchen, steh!" Und der Brei hörte endlich auf zu fließen. Doch wer von da an in die Stadt wollte, der mußte sich erst durch den Brei hindurchessen.

Die faule Braut

Es war einmal ein recht hübsches Mädchen, das aber sehr faul und ungeduldig war. Sie wollte im nächsten Jahr heiraten und mußte deshalb spinnen und weben für ihre Aussteuer. Aber da sie so ungeduldig war, ärgerte sie sich über jeden Knoten im Faden, und warf dann das ganze Flachsbündel weg. Doch ihre Dienerin, ein liebes, fleißiges Ding, hob alles wieder auf, spann den Flachs und webte sich einen hübschen Stoff daraus. Aus dem nähte sie sich ein Kleid, das sie zur Trauung ihrer Herrin anzog. Auf dem Weg zur Hochzeitskirche sagte die Braut zu ihrem Bräutigam: „Nun sieh dir das an! Das Mädchen da prunkt mit einem Kleid, das sie aus meinen Abfällen gemacht hat!" — „Was soll das bedeuten?" fragte der Bräutigam. Und die Braut erzählte ihm, daß ihr Dienstmädchen aus den Flachsabfällen sich das Kleid selbst gesponnen und gewebt und genäht hatte. Da erkannte der Bräutigam, daß seine Braut faul und verschwenderisch, die Dienerin aber fleißig und sparsam war. Und da sie obendrein sehr hübsch war, ließ er seine Braut stehen und heiratete das kleine Dienstmädchen.

Die klugen Männer von Dummersdorf

Vor langer Zeit lebten in Dummersdorf ein paar Männer, die so dumm waren, daß die Leute sie im Spaß „die klugen Männer" nannten. Einmal ging einer von ihnen mit einem Korb voll runder Käse zum Markt in die Stadt. Unterwegs fiel ihm einer der Käse aus dem Korb und rollte davon. „Dummer Käse", sagte der „Kluge", „aber er weiß den Weg in die Stadt und kann ihn auch den anderen Käsen zeigen." So ließ er alle seine runden Käse auf die Straße fallen und ging erleichtert in die Stadt. Dort wartete er auf dem Markt, daß seine Käse kommen sollten. Aber vergebens! Da ging er in die nächste Stadt, doch da war natürlich auch weit und breit kein Käse zu sehen. Ein anderer von den „Klugen" ritt spazieren und sah auf der Straße einen von den Käsen liegen. Er wollte ihn mit seinem Schwert aufspießen, aber das war zu kurz. Und anstatt vom Pferd zu steigen und den Käse aufzuheben, ritt er zurück nach Hause und holte sich ein längeres Schwert. Doch als er wiederkam, war kein Käse mehr da. Er sah aber eine Krähe davonfliegen, die etwas Weißes im Schnabel trug. „Komm zurück mit dem Käse ...!" schrie er und rannte ihr nach, bis es dunkel wurde. Da sprang plötzlich in einem Teich ein Fisch in die Höhe und fiel mit einem „Platsch" zurück ins Wasser. „Aha", dachte der Mann, „eben hat die Krähe den Käse in den Teich fallen lassen." Und er beugte sich über das Wasser und sah darin eine große, helle Scheibe. Er hielt sie für den Käse und wollte ihn herausholen. Aber natürlich gelang ihm das nicht — es war doch der Widerschein des hellen Vollmonds! Und der „kluge Mann" zog mißmutig von hinnen.

Der Dieb und der Esel

Ein paar Spitzbuben sahen auf der Straße einen Dummerjan, der einen Esel hinter sich herführte. Da sagte der eine: „Ich werde den Esel stehlen und seinen Herrn zum Narren halten!" Er schlich sich an den Esel heran, zog ihm das Halfter ab und streifte es sich selbst über. Dann zog er ein bißchen an der Leine, und der Dummerjan drehte sich um. Er war baß erstaunt, wie sich sein Esel verwandelt hatte. „Wer bist du?" fragte er. „Ich bin euer Esel", antwortete der Dieb. „Ich habe einmal meine Mutter geschlagen. Dafür bin ich zur Strafe in einen Esel verwandelt worden. Nun habe ich Euch viele Jahre treu gedient, aber meine Mutter ist inzwischen alt geworden und hat mir verziehen, so daß der Fluch aufgehoben ist, der mich in einen Esel verwandelt hat." Da ließ der Dummerjan den Dieb ziehen und ging zum Markt, um sich einen neuen Esel zu kaufen. Hier sah er einen Esel stehen, den er als seinen bisherigen erkannte. Er flüsterte ihm ins Ohr: „Du mußt ein schöner Schurke gewesen sein! Hast du vielleicht wieder deine Mutter geschlagen, so daß du aufs neue in einen Esel verwandelt worden bist? Dich werde ich bestimmt nicht noch einmal kaufen!" Ließ seinen Esel stehen und kaufte sich einen anderen.

Die Katze und die Maus

Eine Katze sprang auf eine Maus zu und biß ihr den Schwanz ab. „Gib mir meinen hübschen Schwanz zurück!" bettelte die Maus. Die Katze antwortete: „Bring mir erst Milch, dann gebe ich dir deinen Schwanz zurück." Da rannte die Maus zur Kuh und sagte: „Gib mir bitte etwas Milch für die Katze, die gibt mit dann meinen Schwanz zurück." Aber die Kuh sagte: „Lauf zum Bauern und laß dir Heu geben!" Nun rannte die Maus zum Bauern und sagte: „Gib mir bitte Heu für die Kuh, die gibt mir dann Milch, die gebe ich der Katze, und die gibt mir meinen Schwanz zurück." Der Bauer sagte jedoch: „Bring mir erst frisches Brot vom Bäcker!" So lief die Maus in die Backstube und rief: „Gib mir bitte Brot für den Bauern, der gibt mir Heu für die Kuh, die gibt mir Milch für die Katze, und die gibt mir meinen Schwanz zurück!" Da lachte der Bäcker und sagte: „Wenn du mir künftig kein Mehl mehr stiehlst, sollst du ein Brot haben!" Die Maus versprach, nichts mehr zu stehlen, bekam das Brot für den Bauern, der gab ihr Heu für

die Kuh, die Kuh gab Milch für die Katze und die Katze gab der Maus ihr hübsches Schwänzchen zurück. Mit Spinnwebenfaden band die Maus ihr Schwänzchen wieder an, so daß sie aussah wie zuvor.

Das Holzbündel

Ein Bauer hatte zwei Söhne, die den ganzen Tag über miteinander stritten und sich rauften. Er mochte sagen, was er wollte, sie kämpften

unentwegt weiter miteinander. Da beschloß er, sie durch ein einfaches Beispiel zu belehren. Er ließ sich von jedem ein paar Prügel Holz geben und band sie zu einem Bündel zusammen. Dann gab er das Bündel dem einen Sohn und sagte: „Brich es auseinander!" Doch es gelang ihm nicht, und auch nicht dem anderen Sohn. Da band der Bauer das Bündel auf und gab den Söhnen die einzelnen Holzprügel. Und siehe — die waren ganz leicht auseinanderzubrechen. „Laßt euch das eine Lehre sein", sagte der Bauer. „Wenn ihr zusammenhaltet, kann euch niemand etwas anhaben, einzeln aber seid ihr verloren!"

Dornröschen

Nach langen Jahren erfüllte sich der Herzenswunsch des Königs und der Königin, und sie bekamen endlich eine Tochter. Zur Taufe wurde das ganze Volk eingeladen, auch die sieben Feen, die in dem Lande wohnten. Eigentlich gab es noch eine achte Fee. Die war aber schon so alt, daß man sie gänzlich vergessen hatte. Die achte Fee wurde wütend darüber und ging hin ins Schloß und verwünschte die kleine Prinzessin in ihrer Wiege: ,,Sie soll sich, wenn sie herangewachsen ist, beim Spinnen in den Finger stechen und tot umfallen!'' Die anderen Feen erschraken und wollten den Fluch wieder aufheben. Und so sagte eine von ihnen: ,,Ganz zurückrufen kann ich den Fluch nicht. Aber das Mädchen soll nicht tot umfallen, sondern nur einschla-

eine Dachkammer. Dort saß die alte Fee und spann. „Was tust du da?" fragte das Mädchen. „Ich spinne", sagte die Alte. „Willst du es auch einmal probieren?" Da nahm das Mädchen die spitze Nadel in die Hand, und schon hatte sie sich damit in den Finger gestochen und fiel wie tot um. So fanden sie ihre Dienerinnen, hielten sie für tot und legten sie in ihr schönes Himmelbett. Die böse Fee rief noch: „Alles, was in diesen Mauern lebt, soll in Schlaf fallen, bis die Prinzessin wieder aufwacht!" Und im gleichen Augenblick schliefen alle ein, die im Schloß waren, alle Menschen und sogar die Tiere. Die Fee aber ließ eine große Rosenhecke um das Schloß herumwachsen. Hundert Jahre später reiste ein fremder Prinz durchs Land. Als er die dichte Rosenhecke sah, fragte er die Leute, was das zu bedeuten hätte. Und sie sagten zu ihm: „Darunter liegt ein verzaubertes Schloß. Als unsere Urgroßeltern noch lebten, hat hier ein König gewohnt. Doch jetzt kann niemand mehr durch die Dornen in das Schloß hineingelangen." Der Prinz wollte es aber doch gern versuchen. Mit dem Schwert bahnte er sich einen Weg durch die Hecke und gelangte zum Schloß. Dort standen ein paar Wächter so still, daß der Prinz dachte, sie wären tot. Doch als er sie berührte,

fen und erst wieder erwachen, wenn ein junger Prinz sie küßt." Der König ließ daraufhin alle Spindeln in seinem Reich verbrennen, damit der böse Fluch nicht in Erfüllung gehen sollte. Später, als das Kind zu einer schönen Jungfrau herangewachsen war, zog die ganze Familie einmal auf ihr Sommerschloß. Das Mädchen lief neugierig durch alle Räume und kam auch in

merkte er, daß sie nur schliefen. Nun ging er ins Schloß hinein und fand da viele schlafende Menschen und Tiere. Zuletzt gelangte er ins Schlafzimmer der Prinzessin und sah sie schlafend in ihrem Himmelbett liegen. Da sie so schön war, küßte er sie und davon erwachte die Prinzessin und sagte: „Endlich bist du gekommen. Ich habe immerzu von dir geträumt." Im gleichen Augenblick wachte das ganze Schloß auf, die Rosenhecke verschwand, und es dauerte nicht lange, bis sich der Prinz und die Prinzessin verlobten.

Die drei Blumen

Eine alte Hexe hörte einmal, wie sich drei Frauen über sie lustig machten. Zur Strafe verwandelte sie die Plaudertaschen in drei Blumen. Eine von den Frauen war ver-

heiratet und durfte jede Nacht nach Hause zu ihrem Mann. Morgens mußte sie zurück aufs Feld und war wieder eine Blume. Doch der Mann wollte seine Frau von der Hexe zurückhaben. „Gut", sagte die Hexe. „Pflück dir eine von den drei Blumen und nimm sie mit nach Hause. Dann kann die Frau bei dir bleiben. Sieh aber zu, daß du die richtige pflückst." Eine sah jedoch aus wie die andere. Was also tun?

Der Mann wußte sich Rat. Da seine Frau nachts bei ihm zu Hause war, konnte sie früh als Blume keinen Tau auf den Blättern haben. So fand er die richtige Blume heraus und konnte seine Frau von dem Zauber erlösen.

Dick Witzelmann

Es war einmal ein armer Waisenjunge, Dick Witzelmann genannt. Er lebte in einem kleinen Dorf in England und lebte recht und schlecht von dem, was ihm freundliche Leute zukommen ließen. Einmal hörte er ein paar Männern zu, die sich über die Hauptstadt London unterhielten. Dort sollte es nur reiche Leute geben, und die Straßen seien mit Gold gepflastert. „Reich möchte ich wohl auch sein ...", dachte Dick Witzelmann und begab sich auf die Wanderschaft nach London. Doch als er dort ankam, sah er, daß es von armen Leuten nur so wimmelte, und daß die Straßen nur mit ganz gewöhnlichen Steinen gepflastert waren. Und Arbeit fand er auch keine! Er bettelte sich ein bißchen Brot zusammen, doch schließlich war er so ausgehungert, daß er erschöpft in einem Hauseingang zusammenbrach. Dort fand ihn der Besitzer, ein reicher Kaufmann, und hatte Mitleid mit ihm. Er ließ ihm zu essen geben und stellte ihn als Küchenjunge an. Auch bekam er eine Dachkammer zum Schlafen und sogar einen kleinen Lohn. Von dem kaufte er sich eine nette, bunte Katze, da es in seiner Dachkammer sehr viel Ratten gab. Und im Nu hatte die Katze mit den Ratten aufgeräumt. Eines Tages beschloß der Kaufmann, ein

Schiff mit vielen Waren in die östlichen Länder zu schicken und dort Handel zu treiben. Auch alle seine Diener durften Kannen und Schüsseln mitgeben und sich so am Gewinn beteiligen. Alice, die Tochter des Kaufmanns, die Dick Witzelmann sehr gern hatte, riet ihm, auch irgendwas mitzuschicken. Doch das einzige, was Dick besaß, war seine Katze. Schweren Herzens trennte er sich von ihr, und die Katze durfte mit in die fernen Länder reisen. Dick aber ging es schlecht, denn der Koch war unfreundlich zu ihm und halste ihm immer mehr Arbeit auf. Da beschloß Dick, davonzulaufen. Als er draußen vor den Mauern der Stadt London war, hörte er die Kirchenglocken läuten: „Komm zurück, Dick Witzelmann, Bürgermeister von London!" „Wenn das so ist, dann gehe ich wieder zurück", sagte sich Dick und gelangte in des Kaufmanns Haus, bevor noch jemand gemerkt hatte, daß er fortgelaufen war. Bald kam auch das Schiff aus dem Fernen Osten wieder heim, und der Kapitän erzählte, daß sie großartige Geschäfte gemacht hätten. Sie waren mit ihrem Schiff in ein Land gekommen, wo das Königsschloß voll von Ratten war. Die Katze von

Dick hatte alle Ratten getötet, und der König war darüber so erfreut, daß er die ganze Schiffsladung für viel Geld kaufte. Dem Dick aber schickte er seine Katze zurück und aus Dankbarkeit einen großen Beutel voll Gold und Edelsteinen. Jetzt war Dick ein reicher Mann. Er ließ sich als Kaufmann nieder und heiratete die hübsche Alice. Die Glocken hatten die Wahrheit gesprochen — dreimal nacheinander wurde Dick Witzelmann zum Bürgermeister von London gewählt!

Gebratenes Schweinefleisch

Als die Erde noch jung war, lebte in China eine brave Familie. Der Vater ging zur Jagd, die Mutter gerbte Felle und nähte Kleider daraus. Der Sohn aber versorgte die Schweine. Das Leben war hart für die drei, doch sie hatten schon Feuer, um sich daran zu wärmen. Eines Tages war der Sohn allein zu Haus und machte sich in der Hütte ein Feuer, weil es so kalt war. Er ließ die

Schweine herein, damit auch sie sich wärmten. Plötzlich schlugen die Flammen hoch und breiteten sich aus, so daß das ganze Haus verbrannte. Als die Eltern nach Hause kamen, waren sie entsetzt und schalten ihren Sohn wegen seines Leichtsinns. Doch plötzlich zog ihnen ein köstlicher Geruch von gebratenem Schweinefleisch in die Nase. Die armen Tiere waren in der Hütte umgekommen und zu leckeren Schweinebraten verbrannt. Nie zuvor hatte die Familie so etwas Gutes gerochen und gegessen. Jetzt wurde der Sohn gelobt und gepriesen, als hätte er eine große

Entdeckung gemacht. Und bis sie eine bessere Art erfanden, steckten die Leute in China immer ihre Hütten in Brand, wenn sie Schweinebraten essen wollten.

Die alte Frau und der Arzt

Es war einmal eine alte, blinde Frau. Sie ließ einen Arzt kommen und versprach ihm eine gute Belohnung, wenn er ihr das Augenlicht zurückgeben würde. Der Arzt besuchte sie also regelmäßig und probierte verschiedene Mittelchen an ihr aus, und jedesmal stibitzte er der Blinden etwas aus ihrem Haushalt. Eines Tages konnte die alte Frau tatsächlich wieder sehen, und der Doktor wollte seine Belohnung haben. Doch die Frau sagte, sie wolle nichts bezahlen, weil er ja ihr Haus ausgeplündert habe. Da ging er vor Gericht und verklagte sie.

Doch die Frau sagte zu dem Richter: „Ich glaube nicht, daß mich der Doktor geheilt hat. Früher konnte ich viele Dinge in meinem Haus sehen, jetzt sehe ich überhaupt nichts mehr." Der Richter gab ihr recht, und sie brauchte dem Arzt nichts zu bezahlen.

Das häßliche Entlein

Eine Ente brütete einmal auf ihren Eiern. Als sie aufbrachen, schlüpften da vier niedliche gelbe Entenküken heraus. Nur aus einem Ei, das viel größer war als die anderen, kroch ein häßliches, plumpes Ding, das viel größer war als seine Geschwisterchen. Die Entenmutter erschrak und wußte nicht, was da geschehen war. Doch das häßliche Entchen konnte genauso gut schwimmen wie die anderen und folgte seiner Mutter überallhin. Es wuchs und wuchs, so daß es bald zweimal so groß war wie die anderen Küken. Die sagten untereinander: „Es gehört nicht zu uns", und jagten es fort. Darüber war das Entchen sehr betrübt, denn es wäre zu gern bei seinen Geschwisterchen geblieben. Unterwegs traf es eine Schar wilder Enten; aber

die lachten es aus und verjagten es ebenfalls. Da kamen viele hundert Wildgänse dahergeflogen. Sie waren viel größer als die Enten, und das häßliche Entchen dachte: „Vielleicht bin ich eine Wildgans?" Doch die Wildgänse sagten zu ihm: „Nein, du bist keine Wildgans. Aber du kannst gern eine Weile bei uns bleiben." Doch nach einiger Zeit gefiel es dem häßlichen Entchen nicht mehr bei ihnen und es zog fort. Es setzte sich zwischen das Schilf an einen Teichrand und fühlte sich einsam und verlassen. Eines Tages schwamm eine Gruppe von stolzen Schwänen an dem Entchen vorbei. Das waren die schönsten Tiere, die es je gesehen hatte! Und es schämte sich seiner eigenen Häßlichkeit und versteckte sich noch tiefer im Schilf. Doch die Schwäne sahen es und riefen: „Komm her zu uns!" Doch das Entchen antwortete: „O nein, ich bin viel zu häßlich!" — „Häßlich?" lachten die schönen Schwäne, „was für ein Unsinn! Im Gegenteil! Du bist ein prächtiger Schwan. Blick nur in den Wasserspiegel, dann siehst du es!" Das Entchen beugte sich vor und betrachtete sich im Wasser. Da sah es einen

langen weißen Hals und ein hübsches Köpfchen. Sein Herz bebte vor Glück. „Ich bin kein häßliches Entchen", rief es aus, „ich bin ein Schwan!" Und fröhlich zog es mit seinen neuen Brüdern weiter.

Der Maulwurf und sein Sohn

Ein kleiner, frecher Maulwurf sagte einmal zu seinem Vater: „Hör mal, Vater, ich kann sehen!" Da legte der alte Maulwurf ein Stück duftenden Weihrauch vor das Näschen seines Jungen. „Was ist das?" fragte er den Kleinen. „Ein Stein", antwortete der. „Du lieber Himmel!" rief da der Vater Maulwurf, „du kannst ja nicht einmal riechen, geschweige denn sehen!"

eigener aus dem Maul und verschwand im Wasser. Das war die Strafe dafür, daß der Hund so gierig und neidisch gewesen war!

Der Froschkönig

Einer kleinen Prinzessin fiel einmal ihr liebstes Spielzeug, ein goldener Ball, in den Schloßteich. Sie begann zu weinen, und plötzlich saß ein großer grüner Frosch am Teichrand. „Ich hole dir den Ball aus dem Wasser, wenn du mir drei Wünsche erfüllst", sagte er. „Gern", rief die Prinzessin. „Dann wünsche ich mir, daß ich mit ins Schloß darf, daß ich aus deinem Tellerchen essen und in deinem Bettchen schlafen darf", sagte der Frosch. Die Prinzessin erschrak, doch sie versprach dem Frosch, alles zu tun, war er verlangt hatte. Da sprang er ins Wasser und tauchte gleich darauf mit dem goldenen Ball wieder auf. Die Prinzessin lief davon und wollte nichts mehr von dem häßlichen Frosch wissen. Doch ihr Vater sagte zu ihr: „Du hast dem Frosch ein Versprechen gegeben, und seine Versprechen

Der Hund und sein Knochen

Ein kleiner, dummer Hund stahl einmal einen großen Knochen und rannte schnell mit ihm davon. Er wollte sich ein Plätzchen suchen, wo er den Knochen in aller Ruhe verzehren konnte. Als er am Bach entlang lief, sah er plötzlich sein Spiegelbild im Wasser. Aber er glaubte, es sei ein anderer Hund. „Der Hund da unten hat ja einen viel größeren Knochen als ich", dachte er bei sich, schnappte gierig nach dem vermeintlichen anderen Knochen und — dabei fiel ihm sein

Eier kaufen. Ich lasse sie ausbrüten und verkaufe die Küken dann auf dem Markt. Und für das Geld für die Küken kaufe ich mir dann neue Kleider, genauso blau wie meine Augen, und dazu ein blaues Haarband. Alle Jungens im Dorf werden dann mit mir tanzen wollen. Doch ich weise sie alle ab und schüttle mit dem Kopf." Und das Mädchen schüttelte wirklich mit dem Kopf. Da fiel die Milchkanne herunter, die Milch lief aus, und aus war es auch mit den Glücksträumen des Milchmädchens.

muß man halten." Also saß der Frosch am Tisch neben der Prinzessin, aß aus ihrem Tellerchen und legte sich des Nachts neben sie in ihr Bettchen. Als sie morgens aufwachte, lag da zu ihrer Verwunderung ein hübscher junger Prinz. Der sagte zu ihr: „Prinzessin, es tut mir leid, daß ich dich mit meiner häßlichen Froschgestalt erschreckt habe. Aber da du dein Versprechen gehalten hast, bin ich von dem Zauber erlöst, der mich in einen Frosch verwandelt hat." Der Prinz gefiel der Prinzessin sehr gut, und als beide herangewachsen waren, wurden sie ein Paar und lebten lange glücklich und zufrieden miteinander.

Das Milchmädchen mit der Kanne

Ein Milchmädchen ging zur Stadt, um dort Milch zu verkaufen. Sie trug die volle Milchkanne auf dem Kopf und träumte vor sich hin: „Für das Milchgeld kann ich dreihundert

Die gestohlenen Münzen

Eine Familie lud einst einen alten Freund ein, den sie lange Jahre nicht gesehen hatten. Als die Eltern, die Kinder und der Gast am Tisch saßen und fröhlich miteinander plauderten, öffnete sich die Tür und ein blasses, weißgekleidetes

rück, um nach den Münzen zu suchen. Da die Münzen nun gefunden waren, gab die Mutter sie einem Bettler. Von da an erschien das Kind nicht mehr.

Der alte Mann und sein Enkel

Es war einmal ein sehr, sehr alter Mann. Der konnte nicht mehr gut sehen, und seine Hände zitterten, wenn er beim Essen den Löffel halten wollte. So verschüttete er oft seine Suppe und machte sich Hemd und Weste schmutzig. Davor ekelten sich sein Sohn und seine Schwiegertochter. Sie ließen ihn nicht mehr mit am Tisch essen, er mußte sich vielmehr auf einen kleinen Hocker daneben setzen und bekam nur noch wässrigen Haferflockenbrei vorgesetzt. Einmal fiel ihm sein irdenes Schüsselchen zu

Kindchen kam herein. Es ging durch die Stube und in die Kammer daneben, schloß die Tür und blieb eine Weile. Dann kam es wieder heraus und ging schweigend fort. Auch die Familie sagte kein Wort. Am folgenden Abend war es wieder genauso. Da fragte der Gast: „Wer ist das blasse Kind?" Doch die Eltern schauten verwundert und sagten, sie hätten kein Kind gesehen. Als die Kleine am dritten Abend wieder kam, folgte ihr der Gast neugierig in die Kammer und sah, wie sie da am Boden etwas suchte. Sie ging wieder fort, und da erzählte der Mann seinen Gastgebern, was er gesehen hatte. „O Gott", rief die Frau, „das ist unsere Jüngste, die letztes Jahr gestorben ist!" Dann hoben sie die Bretter vom Boden, wo die Kleine gesucht hatte, und fanden drei Münzen. Die hatte die Mutter einst für einen Bettler gegeben. Das Kind hatte sie aber für sich behalten und unter den Brettern versteckt. Nun konnte das Kind keine Ruhe in seinem Gräbchen finden und kam immer wieder zu-

Boden und zerbrach. Da bekam er einen billigen Blechnapf. Traurig saß er nun da und schaute sehnsüchtig zu den anderen hinüber, die fröhlich um den Tisch saßen und aus schönen Tellern speisten. Eines Tages schnitzte sein Enkelsohn an einem Stückchen Holz. Die Eltern fragten: „Was soll das werden?" Der Junge antwortete: „Das wird ein Schweinetrog. Wenn ich dann groß bin, dann könnt ihr daraus essen." Da schauten sich die Eltern beschämt an und holten schnell den alten Großvater zurück an ihren Tisch, teilten ihr gutes Essen mit ihm und gaben ihm einen feinen Teller. Sie beklagten sich auch nie mehr, selbst wenn der alte Mann noch soviel Suppe auf seine Kleider verschüttete.

Das Schwert im Stein

Irgendwo in England stand ein mächtiger Stein, in dem ein Schwert steckte, und auf dem Stein stand geschrieben: „Wer dies Schwert herauszieht, ist der wahre König." Der alte König war vor vielen Jahren gestorben, und seither hatten viele Männer versucht, das Schwert aus dem Stein herauszuziehen, doch immer vergeblich. Und da kein König im Lande regierte, kämpften alle Ritter gegeneinander, und es herrschte großer Unfriede. Eines Tages sollte ein Turnier abgehalten werden. Ein Ritter, der auch hinzog, sagte plötzlich zu seinem Knappen: „Artur, ich habe mein Schwert vergessen. Lauf' rasch nach Hause und hole es mir!" Der Junge rannte eilig weg und sah mit einemmal auf einem Platz das Schwert in dem Stein stecken. Und ohne zu lesen, was auf dem Stein stand, zog er das Schwert mit einem Ruck heraus. Stolz brachte er es seinem Herrn, der es sogleich als das Schwert aus dem Stein erkannte.

„Habt Ihr das Schwert aus dem Stein herausgezogen?" fragten ihn die Ritter. „Nein, ich nicht", antwortete er, „das war mein Knappe Artur." Da mußte Artur vortreten, und die Ritter steckten das Schwert nochmals in den Stein hinein. Artur aber zog es ohne Mühe wieder heraus. Da glaubten ihm die Ritter und erkoren ihn zu ihrem König. Alle vertrugen sich nun, und es herrschte wieder Friede im ganzen Land.

Päppi, der Papagei

Päppi, der Papagei, hatte den besten Platz im Zoo. Seine Schaukelstange, auf der er übermütig hin- und herpendelte, befand sich nah am Zooeingang, wo er jeden Besucher mit einem Späßchen begrüßen konnte. „Hereinspaziert! Hereinspaziert!" rief er. „Nüßchen! Nüßchen!" Und jedermann wußte, was Päppi wollte, und kaufte am Kiosk eine Tüte mit Nüssen für den lustigen Vogel.

Und Päppi aß den lieben, langen Tag Nüsse. Ja, das Leben im Zoo gefiel ihm! Auf seiner Stange turnte er auf und ab, sagte die komischsten Dinge und brachte damit groß und klein zum Lachen. Kam eine Dame mit ihrem schönsten Hut daher, so zupfte er sie und rief: „Verrückter Hut! Verrückter Hut!" Und wenn die Leute darüber lachten, dann lachte er mit und krächzte: „Ha-ha-ha! Ha-ha-ha!"

Wollte der Wärter abends den Papagei zurück in seinen Käfig bringen, dann machten sie zu zweit erst einen Umweg durch den ganzen Zoo, und Päppi rief allen Tieren zu: „Schlaft gut! Träumt schön!"
Und nie war es ruhig und still im Zoo, bevor nicht auch Päppi in seinem Käfig saß und eingeschlafen war.

Wie das Feuer entstand

In einem fernen Land lebte einmal ein Kranich, der hieß Butulga. Sein bester Freund war die Beutelratte Gonur. Sie hatte wie alle Beutelratten und auch ihre Verwandten, die Känguruhs, vorne auf dem Bauch einen Beutel, in dem sie ihre Jungen mit umhertrug, solange sie noch klein waren. Es gab aber zu jener Zeit noch kein Feuer auf Erden. Einmal spielte Butulga mit ein paar Hölzchen, die sich plötzlich entzündeten und Funken gaben. Die Funken sprangen über auf das trockene Gras, und es entstand ein flackerndes Feuer. Die zwei Freunde waren überglücklich, denn nun konnten sie ihr Essen stets braten oder kochen, und das schmeckte dann ganz köstlich! „Wir müssen das Feuermachen vor den anderen Tieren geheimhalten", sagte Butulga, „wir wollen die Hölzchen in dem Beutel auf deinem Bäuchlein verstecken." Doch die anderen Tiere merkten bald, wie da jeden Tag ein herrlicher Essensgeruch aus dem Wald herausdrang. Sie wurden neugierig und schickten einen Papagei als Kundschafter aus. Der sah, wie die zwei Freunde Feuer machten und Fleisch brieten. Und eilig flog er zurück und berichtete,

Trine Besenstiel

Trine Besenstiel putzte und fegte ihr Haus und fand dabei ein Geldstück. „Dafür werde ich mir ein fettes Schwein kaufen", sagte sie zu sich selbst.

Sie ging zum Markt und kaufte sich ein Schwein. Auf dem Nachhauseweg fiel ihr aber ein, daß sie keinen Stall für das Schwein hatte. So kehrte sie um und verkaufte ihr Schwein für fünfzig Pfennig.

„Dafür werde ich mir eine schwarze Katze kaufen", sprach Trine Besenstiel, und tat es. Zu Hause merkte sie, daß sie keine Milch für das Kätzchen hatte. Sie ging deshalb zurück zum Markt und verkaufte es für zehn Pfennig.

was er im Wald gesehen hatte. Da beschlossen die Tiere, Butulga und Gonur in eine Falle zu locken. Sie luden sie zu einem großen Fest ein, um ihnen dort das Geheimnis des Feuermachens zu entlocken. Doch während des Tanzes hätte sie die Hölzchen aus ihrem Beutel herausnehmen müssen. Und wie leicht konnten sie da gestohlen werden! Schließlich überredete Gonur den Kranich doch zu einem Tänzchen und legte die Hölzchen in eine Ecke. Doch während sie sich im Kreise drehten, fingen die Hölzchen plötzlich von selbst Feuer, und ein Habicht stieß herab, packte sie und floh mit ihnen davon. Wo er auch hinkam, steckte der Habicht Gräser, Sträucher und Bäume in Brand. Da war das Geheimnis von Butulga und Gonur kein Geheimnis mehr, und überall auf der Erde hatten die Menschen nun Feuer.

„Dafür kaufe ich mir einen Singvogel", beschloß Trine Besenstiel. Doch auf dem Heimweg flog ihr der Vogel davon.

„Nun kann ich mir nichts mehr kaufen", dachte Trine Besenstiel, war's zufrieden und ging nach Hause, wo sie wieder zu fegen und zu putzen anfing und nicht eher aufhörte, bis der ganze Boden blitzblank wie der Frühlingshimmel war.

Häschen in der Mausefalle

Im Land der roten Indianer herrschte einmal eine entsetzliche Dürre. Alle Bäche und Teiche trockneten aus, und es gab keinen Tropfen Wasser mehr für die Tiere. Die setzten sich zusammen und berieten, wie sie sich wohl selber helfen könnten.

Der kluge Dachs sagte: „Wir müssen ein Loch in die Erde graben. Da unten gibt es bestimmt genug Wasser!" Alle waren damit einverstanden, nur das Häschen nicht, denn

es wollte sich nicht schmutzig machen.

Mit vereinten Kräften gruben die Tiere ein tiefes Loch in den Grund. Und tatsächlich, da unten fanden sie so viel Wasser, daß keines mehr Durst zu leiden brauchte.

Das faule Häschen aber kam des Nachts angehoppelt und stahl sich heimlich seinen Anteil Wasser.

Als es nie mehr über seinen Durst klagte, wurde der kluge Dachs mißtrauisch, und er fragte den Hasen: „Woher bekommst du denn dein Trinkwasser?" Und der Hase antwortete: „Ich stehe frühmorgens auf und trinke Tautropfen!"

Das glaubten weder der Dachs noch die anderen Tiere. Sie stellten deshalb in der Dunkelheit eine Mausefalle vor dem Wasserloch auf und versteckten sich hinter den Büschen.

Und was geschah? Das Häschen schlich herbei, beugte sich über den Rand des Wasserlochs und geriet mit einer Pfote in die Mausefalle. Nun war es gefangen und konnte den anderen Tieren keine Lügengeschichten mehr erzählen. Sie befreiten es und wollten es gründlich bestrafen. Doch mit einem Satz sprang das Häslein davon. Aber es dauerte lange Zeit, bis die anderen Tiere ihm wieder gut waren.

Wang und der Zauberer

Wang war ein kleiner chinesischer Junge. Als er heranwuchs, mußte er in den Reisfeldern seines Vaters Unkraut jäten und die Vögel vertreiben, damit sie keinen Schaden anrichten konnten.

Seit zwei Jahren hatte es nicht mehr geregnet, so daß kein Reis mehr gedeihen wollte. Und Wang hatte Angst, daß er und seine Eltern Hunger leiden mußten, wenn der Regen nicht bald kam.

„Laß mich in die Stadt gehen", sagte er eines schönen Tages zu seinem Vater, „ich will versuchen, dort ein wenig Geld zu verdienen, damit wir uns Reis kaufen können." Schweren Herzens ließ ihn der Vater ziehen, denn Wang war noch sehr jung. Er wanderte einen halben Tag lang, als er einen alten Mann vor sich hergehen sah, der eine schwere Last schleppte. „Laß mich deinen Sack tragen", sagte Wang zu dem Alten und lud sich die Last zu seinem eigenen Bündel auf den Rücken.

Der Mann dankte ihm, und zusammen wanderten sie ihren Weg weiter. Doch nach kurzer Zeit brach ein schreckliches Unwetter los, und es stürmte und blitzte und donnerte, so daß der kleine Wang große Angst bekam.

„Hab keine Furcht", sagte der alte Mann zu Wang, „das waren nur meine zwei Drachen. Und weil du so gut zu mir warst, werde ich dir jetzt zeigen, wie ich es regnen und gewittern lasse. Ich bin nämlich ein Zauberer!"

Wang war darüber so erstaunt, daß er das Fürchten vergaß. Der Zauberer führte ihn nun zu seinen beiden Drachen, die in einer großen Holzbütte saßen und miteinander berieten, in welchem Land sie es jetzt regnen lassen sollten. „Wo willst du, daß es jetzt regnet?" fragte der Zauberer den jungen Wang.

„Über den Reisfeldern von meinem Vater", stieß Wang hervor. „Gut,

dann steige in diese Holzbütte", versetzte der Zauberer. Und Wang gehorchte ihm.

Die Holzbütte mit dem Drachen, dem Zauberer und dem erstaunten Wang hob sich schnell in die Lüfte und flog davon. Unten lagen die vertrockneten gelben Reisfelder, und dem kleinen Wang tat bei ihrem Anblick das Herz weh.

„Jetzt sind wir über dem Ackerland deines Vaters", sagte der Zauberer. Damit schaukelte er in der Regentonne hin und her, so daß das Wasser über den Rand schwappte. Sie flogen hin und her über den Feldern, bis diese ganz vom Wasser durchtränkt waren und die grünen Halme aus dem Erdboden hervorsprossen.

Als es dunkel wurde, holte sich Wang einen blinkenden Stern vom Himmel. Der Zauberer samt Regentonne und Drachen war plötzlich verschwunden, und Wang fand sich auf dem Reisfeld seines Vaters. Er lief nach Hause und erzählte den Eltern sein großes Abenteuer. Dazu zeigte er ihnen den Stein, der in Wirklichkeit ein wunderbarer kostbarer Diamant war. Sie verkauften ihn dem Kaiser und erhielten so viel Geld dafür, daß sie davon bis an ihr Lebensende zehren konnten.

Der Kuckuck und der Fuchs

Ein Kuckuck saß auf einem hohen Baum und freute sich am Sommersonnenschein. Da kam ein Fuchs vorbei und rief dem Kuckuck zu: „Welch schöne Stimme hast du! Komm doch herab und plaudere mit mir!" „Nein, danke!" antwortete der Kuckuck. Der Fuchs stellte sich taub und sagte: „Komm doch herab, damit ich dich besser hören kann!" „Nein", sagte der Kuckuck wieder, „ich komme nicht, ich habe Angst." „Angst vor mir?" fragte der Fuchs mit heuchlerischer Stimme. „Nein", sagte der Kuckuck höflich, „nicht vor dir, aber vor den anderen Tieren." „Aber, lieber Freund", sprach der Fuchs jetzt, „kennst du nicht das neue Gesetz, das allen Tieren gebietet, in Frieden miteinander zu leben?" „Davon habe ich noch nichts gehört", meinte nun der Kuckuck, „aber ich freue mich für dich darüber. Denn dort kommt eine Meute wilder Hunde. Gäbe es das neue Gesetz nicht, dann müßtest du jetzt vor ihnen Reißaus nehmen."

Der Fuchs spitzte die Ohren und raste davon. „Aber wohin läufst du so schnell?" rief ihm der Kuckuck nach, „kennst du nicht das neue Gesetz?"

„Ich schon", rief der Fuchs zurück, „aber die Hunde vielleicht noch nicht." Und damit verschwand er in der dicken Staubwolke, die er beim Laufen aufgewirbelt hatte.

Däumling

Es waren einmal ein Mann und eine Frau, die hatten keine Kinder. „Hätten wir doch ein Söhnchen", jammerte die Frau, „ich würde ihm das schönste rote Höschen nähen!" „Und ich wollte ihm gute Lederschuhe schustern", sagte der Mann darauf, „und wenn es nur so groß wäre wie mein Daumen!" Im Jahr darauf bekamen sie ein Söhnlein, das nicht größer als der Daumen des Mannes war, und deshalb nannten sie es Däumling.

Der aber lief schnell nach Hause zurück, wo seine Eltern gerade das Geld zählten, das die Fremden für ihn bezahlt hatten. „Niemals wieder lasse ich dich von uns fortgehen", schwur sein Vater und herzte und küßte ihn. Und Däumling und seine Eltern lebten noch viele Jahre glücklich miteinander.

Sterntaler

Es war einmal ein armes Waisenkind, das nichts anderes mehr besaß als die Kleider, die es am liebsten trug, und ein Stückchen trok-

Als Däumling fünf Jahre alt war, wollte sein Vater im Walde Holz holen. „Geh nur voraus", rief Däumling seinem Vater zu, „ich komme mit dem Wagen nach. Ich werde mich ins Ohr von unserem Pferdchen setzen und ihm den richtigen Weg sagen."

Dem Vater war das recht, und er ging voran in den Wald. Däumling aber rief mit lauter Stimme dem Pferde zu, wann es links und wann es rechts gehen mußte. Das hörten zwei Fremde und folgten dem Wagen ohne Kutscher erstaunt nach.

Im Wald hob der Vater sein Söhnlein herab, und die zwei Fremdlinge verwunderten sich beim Anblick des kleinen Däumlings noch mehr und wollten ihn seinem Vater abkaufen. „Verkauf mich nur", wisperte Däumling seinem Vater zu, „ich komme bald wieder zurück zu dir."

So strich der Vater das Geld der fremden Männer ein und setzte Däumling in die Hutkrempe des einen. Dann kehrte er traurig zu seiner Frau zurück. Däumling aber kletterte unbemerkt von der Hutkrempe herab und versteckte sich in einem Mauseloch, wo ihn die Fremdlinge nicht finden konnten. So mußten sie ohne Däumling weiterziehen.

kenes Brot. Als es hinaus in die Welt ging, begegnete es einem alten Mann. „Ich bin so hungrig", sagte der. Und das Mädchen gab ihm sein Stücklein Brot. Dann traf es ein Kind, das sagte: „Mich friert an meinem Kopf!" Da schenkte ihm das gute Mädchen sein Mützchen. Ein anderes Kind hatte kein Mäntelchen, und da gab das brave Mädchen das seine hin. Schließlich schenkte es auch noch sein Kleidchen weg und war glücklich, daß es den anderen hatte helfen können.

Plötzlich fielen vom Himmel goldene Sterne herab, dem Mädchen gerade vor die Füße. Und als es sie aufhob, da waren es viele glänzende Goldstücke, für die sich das Kind sein ganzes Leben lang die schönsten Kleider und das beste Essen kaufen konnte.

Der Feentanzplatz

Länti Kluski hatte gerade geheiratet und wollte nun für sich und seine Frau ein Häuschen bauen. Obwohl er sechs schöne große Äcker besaß, fiel ihm kein anderer Platz ein als ein grüner Kreis auf einer seiner Wiesen. Man nennt diese runden dunkelgrünen Wiesenstücke Hexentanzplatz oder auch Feentanzplatz.

Als das Haus fertig gebaut war, lud Länti Kluski zu einem großen Fest ein. Alle seine Freunde kamen und feierten fröhlich mit ihm und seiner jungen Frau. Doch am Abend, als es dunkelte, hörten alle plötzlich ein seltsames Geräusch — so, als seien tausend Hände dabei, das Dach abzudecken. „Eilt euch", rief eine Stimme, „denn wir müssen bis

Mitternacht das Haus von Länti Kluski abgerissen haben! Es steht auf dem Tanzplatz der Feen!" „Das tut mir leid", rief Länti, „ich will das Haus gern selbst wieder abreißen!" „Braver Junge", riefen darauf die fremden Stimmen. Und Länti machte sich an die Arbeit.

Doch bald darauf baute er sich ein neues Haus, und als er den Baugrund aushob, fand er da einen irdenen Topf voll goldener Münzen. Das war der Dank der Feen, weil er ihnen ohne zu murren ihren Tanzplatz überlassen hatte.

Der Zauberkorb

In einem nordamerikanischen Indianerstamm herrschte der Brauch, niemals etwas zwischen den Mahlzeiten zu essen. Zwei kleine Indianermädchen hielten sich nicht an dieses Gebot und wurden dabei von ihrer Mutter ertappt. Wütend sagte sie zu der Älteren: „Wie ich mich für dich schäme! Geh doch hin und heirate den Bergriesen — dann kannst du essen, bis du platzt!" Die zwei Mädchen nahmen sich die Scheltworte der Mutter so zu Herzen, daß sie beschlossen zu entfliehen. In der Nacht liefen sie davon und hörten bald, wie jemand im Walde Holz fällte. Sie gingen darauf zu und sahen einen Mann neben einem gefällten Baum stehen. Dem erzählten sie, daß ihre Mutter sie gescholten und der Älteren geraten habe, sie solle den Bergriesen heiraten. „Das trifft sich gut", sagte der Mann, „ich selbst bin nämlich der Bergriese." Dann nahm er die zwei Mädchen mit in seine Berghöhle, die mit den köstlichsten Dingen angefüllt war. Er heiratete die ältere, und alle lebten viele glückliche Jahre miteinander. Doch als sie wieder zu ihren Eltern zurückkehren wollten, erlaubte es der Bergriese gern und gab ihnen einen Zauberkorb mit, der nicht größer war als ein kleiner Finger.

Doch wenn man ihn schüttelte, dann wuchs er und war angefüllt mit den leckersten Speisen.

Die zwei Schwestern kehrten also heim zu ihren Eltern, die über die Rückkehr ihrer Kinder hocherfreut waren. Sie feierten ein großes Fest miteinander, und als die Mädchen ihr Körbchen schüttelten, schwoll es an und schüttete so viele Früchte und andere gute Dinge aus, daß alle Gäste genug zu essen hatten.

Und noch heute sagen die Indianer dieses Stammes, daß es Glück bedeutet, wenn man im Wald den Klang der Holzaxt hört.

Der Wolf und das Geißlein

Ein Geißlein rettete sich vorm Wolf auf das Stalldach und rief ihm von da aus kecke Worte zu. Doch der Wolf sagte nur: „Ich höre dich wohl! Doch ich ärgere mich nicht über dich, sondern über das hohe Dach, auf dem ich dich nicht erreichen kann!"

Der Bauer, der alles richtig macht

In einer kleinen Hütte lebte einmal ein alter Bauer mit seiner Frau. Ihr einziges Besitztum war ein braves Pferd. Doch eines Tages fiel es dem Bauern ein, er könne das Pferd gegen etwas anderes eintauschen. „Wie du es machst, so ist es richtig!" sagte seine Frau, und so ging der Bauer mit dem Pferd zum Markt. Unterwegs sah er einen Mann mit einer Kuh. „Das wäre ein guter Tausch", sagte der Bauer zu sich und fragte den anderen! „Willst du nicht deine Kuh gegen mein schönes Pferd eintauschen?" Der andere sagte „Ja", und der Handel war gemacht.

Nun hätte der Bauer nach Hause gehen können, da er aber nun einmal auf dem Weg zum Markt war, stapfte er auch weiter und begegnete einem Mann, der ein wolliges Schaf am Strick führte. „Willst du nicht dein Schaf gegen meine schöne Kuh eintauschen?" fragte der Bauer wieder, und der Mann mit dem Schaf hatte nichts dagegen. Jetzt zog der Bauer seine Straße mit dem Schaf, überholte aber bald eine Frau, die eine Gans trug. „Wie oft hat meine Frau sich nicht schon eine Gans gewünscht", dachte das Bäuerlein und handelte sich die Gans ein. Das nächste Mal kam ein Mann mit einem Huhn daher, und im Handumdrehen hatte unser alte Bauer seine Gans gegen das Huhn vertauscht. Und schließlich begegnete er einem, der trug einen Sack auf dem Rücken. „Was schleppt Ihr da?" wollte unser Bäuerlein wissen. „Ach, es sind nur faule Äpfel", sagte der andere. „Meine

Frau hat einen Apfelbaum, der im vergangenen Jahr nichts anderes als einen faulen Apfel trug. Wie froh wird sie sein, wenn ich ihr jetzt einen ganzen Sack voll davon mitbringe", sagte der Alte und vertauschte das Huhn gegen die faulen Äpfel. Dann ging er in ein Wirtshaus und traf dort einen jungen Burschen, dem er von seinen Tauschgeschäften erzählte. Und der Junge sagte: „Ich wette hier meinen Beutel voller Goldstücke, daß Euch Eure Frau tüchtig ausschilt, wenn Ihr mit dem Sack voll fauler Äpfel nach Hause kommt.

Doch als das Bäuerlein zu Hause seiner Frau alles erzählte, fiel sie ihm um den Hals und sagte: „Wie du es machst, so ist es richtig!" Der junge Bursche, der ihn begleitet hatte, konnte sich nicht genug wundern, aber gewettet war gewet-

tet, und so gab er seinen wohlge-
füllten Geldbeutel dem alten Bauern, der tun konnte, was er wollte,
so sagte seine Frau stets zu ihm:
„Wie du es machst, so ist es richtig!"

Der Stammvater der Irokesen

Hoch im Norden lag ein Land unter
Eis und Schnee. Und nur wenige
Wochen im Jahr schien die Sonne
so warm, daß in ihren Strahlen alles
dahinschmolz. Dort lebten einsam
in einer Hütte ein kleines Mädchen
und ihr Bruder. Wenn das Mädchen
wegging, um im Wald zu jagen,
dann hatte sie stets Angst um ihren
Bruder. Denn er war sehr klein und
schwach und hätte sich in ihrer Ab-
wesenheit gegen wilde Tiere nicht
verteidigen können.
Eines Tages zeigte sie dem Jungen,
wie man mit Pfeil und Bogen um-
geht, und sagte zu ihm: „Ich gehe
jetzt wieder in den Wald. Bleibe du
hier und gib acht, ob Schneehühner in die Nähe kommen. Dann zie-
le vorsichtig auf sie und schieße
eines."
Und wirklich gelang es dem Jungen, ein Schneehuhn zu schießen,
das er am Abend stolz der heimkeh-
renden Schwester zeigte. Die lobte
ihn und sagte: „Wenn du noch
mehr davon erlegst, dann kann ich
dir aus ihren Federn einen warmen
Mantel nähen." Tag für Tag wartete
der kleine Junge nun auf die
Schneehühner, und jeden Tag er-
beutete er eines von ihnen, so daß
ihm die Schwester das versproche-
ne Mäntelchen daraus nähen konnte. Eines Tages ging sie wieder in
den Wald, um nach Wild zu jagen,
und sagte zu ihrem Bruder: „Geh

nicht hinaus vors Haus, denn drau-
ßen gibt es wilde Bären, Wölfe und
Biber, die alle scharfe Zähne ha-
ben!"
Doch der kleine Junge war sehr
neugierig, und kaum war seine
Schwester fort, so zog er seinen
Federmantel an, ergriff Pfeil und
Bogen und lief hinaus. Er rannte
und rannte, bis er müde war.

Auf einem Hügel setzte er sich nieder und schlief ein. Doch die Sonne
mit ihren sengenden Strahlen verbrannte sein Federmäntelchen, und
der Junge erwachte. Voll Wut ballte
er die Fäuste und schrie: „Dafür
werde ich dich bestrafen, böse
Sonne!" Dann rannte er heim,
schnitt abends seiner Schwester
eine Strähne ihrer dunklen Haare
ab und machte daraus eine Schlinge. „In ihr will ich die Sonne fangen!" schwor er dabei.
Am nächsten Morgen stieg er auf
den Hügel, band die Schlinge fest,
und als die Sonne aufging, fing er
ihre Strahlen darin und ließ sie
nicht wieder los. Doch die Tiere im

Tal froren, als die Sonne nicht scheinen konnte. Der Biber mit seinen scharfen Zähnen biß deshalb die Schlinge durch, so daß die Sonne sich befreien und ihre Strahlen wieder überallhin schicken konnte. Der Junge aber war stolz auf das, was er getan, wuchs heran und wurde später der Stammvater des mächtigen Indianerstammes der Irokesen.

Der kluge Zadig

Ein Mann namens Zadig verbrachte seine ganze freie Zeit damit, die Gewohnheiten der Tiere und der Pflanzen zu studieren. Das war auch der Königin bekannt, und als einmal ihr Schoßhund entlaufen war, schickte sie nach Zadig, der ihr helfen sollte.

Er sagte zum Boten der Königin: „Ist es vielleicht der kleine Spaniel, der auf einem Bein hinkt und sehr lange Ohren hat? Nein, den habe ich nicht gesehen." Einige Zeit später fragte der Stallmeister des Königs den klugen Zadig, ob ihm das entlaufene Pferd des Herrschers begegnet sei. „Das herrliche Rennpferd, fünfzehn Spannen hoch, mit schmalen, kleinen Hufen und einem goldverzierten Zaumzeug? Nein, das habe ich nicht gesehen."

Weil Zadig die beiden Tiere so gut hatte beschreiben können, glaubte der König, er habe sie gestohlen, und verurteilte ihn zu einer Strafe von hundert Goldstücken. Doch da kam ein Diener des Königs angerannt und brachte die zwei verloren geglaubten Tiere daher. Und alle sahen, daß Zadig schuldlos war.

Nun wollte der König aber wissen, weshalb Zadig den Hund und das Pferd so genau hatte schildern können. Da sagte Zadig: „Im Sand sah ich Spuren von Hundefüßen, eine davon war schwächer, so daß das Tier also hinken mußte. Neben den Fußspuren zog sich eine lange Rille im Sand hin — das mußten die langen Ohren gewesen sein. Dann sah ich kleine, schmale Spuren von Pferdehufen, und an den Bäumen rechts und links der Straße waren in fünfzehn Spannen Höhe die Blätter von den Ästen abgestreift — also mußte das Pferd genau so hoch gewesen sein. Und schließlich hingen an ein paar Zweigen kleine Goldplättchen — die mußten von dem goldenen Zaumzeug des Pferdes stammen."

Der König und sein ganzer Hof staunten über Zadigs Klugheit, doch seine Strafe wurde ihm nicht erlassen. „Das Leben ist doch ungerecht", seufzte da Zadig und bezahlte die hundert Goldstücke.

Der Pfau und der Kranich

Ein Pfau stand da und schlug ein Rad mit seinen schillernden Schwanzfedern. Als ein Kranich vorbeikam, rief ihm der Pfau zu: „Meine Federn leuchten in allen Regenbogenfarben, du aber siehst grau und armselig aus!" Doch der Kranich antwortete: „Wenn ich auch nur graue Federn habe, so kann ich doch bis zu den Sternen fliegen und ihnen etwas vorsingen. Du aber kannst nur wie ein ganz gewöhnlicher Vogel auf dem Hühnerhof umherstolzieren."

Das Geheimnis von Meister Cornelius

Es lebte einmal ein alter Müller namens Cornelius. Sechzig Jahre lang hatte er seine Windmühle betrieben, doch als die Dampfmühlen aufkamen, da mußten alle Windmühlen stillgelegt werden. Nur Meister Cornelius konnte sich nicht damit abfinden. Aber da er nichts mehr zu mahlen hatte, schloß er sich in seiner Mühle ein und litt nicht einmal seine Enkeltochter Vivi mehr um sich. Das arme Ding mußte sich in der Nachbarschaft Arbeit suchen, obwohl der alte Cornelius sie so lieb hatte, daß er jeden Tag gern zehn Stunden zu Fuß gelaufen wäre, nur um sie zu sehen.

Niemand mehr brachte ihm Korn zum Mahlen, und doch ließ er seine Mühle nicht stillstehen. Und wenn man ihn fragte, was er denn mahle, dann antwortete er nur: „Alles für das Ausland! Alles für das Ausland!"

Eines Tages wollte Vivi ihn um die Erlaubnis bitten, daß sie heiraten dürfe. Doch sie fand die Mühle von Meister Cornelius verschlossen wie immer. Da überkam sie die Neugierde, und zusammen mit ihrem Bräutigam schleppte sie eine Leiter herbei und schaute durch ein Fenster ins Innere der Mühle. Da war kein Korn und kein Mehl zu sehen. Cornelius hatte in die alten Säcke, die er hin und wieder mit seinem Esel wegbrachte, nur Schutt und altes Gerümpel eingefüllt. Vivi weinte bittere Tränen, als sie das traurige Geheimnis ihres alten Großvaters entdeckt hatte. Und sie und ihr Bräutigam gingen hin ins Dorf und baten die Bauern, sie soll-

Als sie die Freude des alten Mannes sahen, da bekamen die Bauern nasse Augen. Und sie brachten ihm Korn zum Mahlen bis an sein Lebensende. Dann aber hörten auch die Flügel seiner alten Windmühle auf, sich zu drehen — denn alles auf dieser Erde geht einmal zu Ende.

Die Kinder des Ziegenhirten

Tommi und Greti wohnen in einem hübschen, weißen Häuschen hoch oben in den Bergen. Ihr Vater ist ein Ziegenhirt. Er sorgt dafür, daß die Ziegen immer das beste, zarteste Gras finden, und abends macht er aus der Milch leckeren Ziegenkäse, den er dann drunten im Dorf verkauft. Tommi und Greti führen hier oben ein feines Leben, so als wäre immerzu Freizeit. Die Tiere sind so lieb, die Blumen so schön und überall scheint die Sonne. Nun denkt ihr sicher, daß die zwei Kinder niemals zur Schule gehen müssen. Da habt ihr ganz recht. Doch ihr Vater bringt jede Woche aus dem Schulhaus im Dorf alle Schulaufgaben mit nach oben, und Tommi und Greti müssen dann fleißig lernen. Sie wissen schließlich nicht ganz so viel wie Kinder, die in eine richtige Schule gehen. Aber das ist nicht schlimm, sie wissen dafür um so mehr über Tiere und Pflanzen, die Sonne und den Regen. Tommi will später auch Ziegenhirt werden wie sein Vater — und dieses Fach kann man auf keiner Schule lernen. Wenn ihr auch mal Ziegenhirt werden wollt, dann geht lieber in eine richtige Schule.

ten dem alten Meister doch ein wenig Korn zum Mahlen bringen. Da rückten alle mit ihren Eseln an, und jeder hatte einen Sack Korn geladen.

Vor der Mühle aber saß der alte Meister Cornelius und weinte herzzerreißend, denn beim Anblick der Leiter hatte er erraten, daß sein Geheimnis offenbar war. Doch als die Bauern riefen: ,,He, Meister Cornelius, hier ist Getreide zum Mahlen!'', da war der Alte schon wieder obenauf und rief beherzt: ,,Ich wußte doch, daß ihr wieder zu mir und meiner Mühle zurückkommt!''

Der Fischotter

Es war einmal eine Prinzessin, die von den zwölf Fenstern ihres Schlosses aus ihr ganzes Reich überblicken konnte, und sie hatte geschworen, einmal nur den Jüngling zu heiraten, der sich so gut verstecken konnte, daß sie ihn von ihren Fenstern aus nicht fände. Siebenundneunzig Jünglinge hatten es schon vergebens versucht, da kam der achtundneunzigste, ein schöner, junger Prinz, welcher der Prinzessin sehr wohlgefiel. Am Tag vor der Probe schenkte der Prinz auf der Jagd einem Raben, einem Fisch und einem Fuchs das Leben, und alle versprachen ihm dafür ihre Hilfe, wenn er sie brauchte.

So kam die erste Probe, und der Rabe zerbrach eines seiner Eier und versteckte den Prinzen darin.

Doch die Prinzessin schaute nacheinander aus zehn ihrer Zauberfenster heraus und entdeckte den Prinzen in seinem Versteck.

Bei der zweiten Probe nahm der Fisch den Prinzen mit auf den Meeresboden — doch durchs elfte Zauberfenster erspähte ihn die Prinzessin.

Beim dritten Mal half ihm der Fuchs. Er verwandelte sich in einen Fischhändler und den Prinzen in einen Fischotter. „Wenn dich die Prinzessin kauft", sagte er zu dem Prinzen, „dann verstecke dich unter ihrem Schulterkragen, sobald sie zu ihren Zauberfenstern geht."

Nun stellte sich der Fischhändler mit dem Fischotter auf den Markt, und wirklich! — der vorbeischlendernden Prinzessin gefiel der Otter so gut, daß sie ihn kaufte und mit in ihr Schloß nahm. Dort schritt sie auf die Fenster zu, doch im gleichen Augenblick kroch der Fischotter in ihren Schulterkragen. Da kreischte die Prinzessin laut auf und schrie dem Fischotter voller Wut zu: „Fort mit dir häßlichem Tier!"

Der Fischotter rannte, so schnell er konnte zu dem Fischhändler und beide verwandelten sich zurück in ihre eigentliche Gestalt, in den Prinzen und in den Fuchs. Der Prinz bedankte sich bei seinem Freund, dem Fuchs, und suchte dann die Prinzessin in ihrem Schlosse auf. Sie heiratete ihn, wie sie es versprochen hatte, und beide wurden sehr glücklich miteinander. Doch der Prinz erzählte ihr nie, wie es ihm gelungen war, sich zu verstecken, und so hörte sie nicht auf, ihn wegen seiner Klugheit zu bewundern.

Der hinterlistige Reiher

Am Rand eines Teiches lebte einst ein schlauer, aber böser Reiher. Er saß den ganzen Tag auf einem Baum und überlegte sich, wie er aus dem Wasser Fische herausholen könne, ohne die anderen dabei zu vertreiben. Eines Tages fragte ihn ein kleiner Fisch, weshalb er denn so traurig dreinblicke. „Deinetwegen bin ich traurig", antwortete ihm der Reiher, „denn es wird einen heißen Sommer geben, der Teich wird austrocknen — und was soll dann aus dir werden?" Der kleine Fisch erschrak über diese Rede des Reihers. Der aber tröstete ihn und erzählte ihm von einem anderen Teich, der niemals austrocknete und in dem alle Fische ruhig und sorglos würden leben können. Er trug den kleinen Fisch auch tatsächlich im Schnabel zu einem hübschen Teich in der Nähe, und als sie wieder zu Hause waren, erzählte das Fischlein allen anderen Fischen von dem neuen Teich, in den sie sich retten könnten.

Da wollten alle Fische von dem Reiher in den neuen Teich gebracht werden. Und einen Fisch nach dem anderen trug der Reiher in seinem Schnabel davon. Er flog aber nicht zu dem Teich mit ihnen, sondern zu seinem Baum, wo er einen jeden gierig verschlang. Und genau so wollte es der hinterlistige Reiher mit den Krebsen machen. Als er den ersten von ihnen davontragen wollte, sagte dieser: „Nein, in deinem Schnabel habe ich keinen Platz, ich halte mich lieber an deinem Hals fest." Und anstatt zum neuen Teich flog der Reiher mit dem Krebslein zu seinem Baum.

„Was hast du?" fragte der Krebs mißtrauisch. „Ich werde dich verschlingen, genau so wie vor dir die dummen Fische!" sagte der Reiher. Doch der Krebs klammerte sich mit seinen Beinen noch fester um des Reihers Hals und sagte: „Sofort wirst du mich zu dem neuen Teich bringen, oder ich werde dich mit meinen Beinen erdrosseln!"

Dem Reiher blieb nichts anderes übrig, als den Befehl des klugen Krebses auszuführen. Er flog mit ihm zu dem anderen Teich, und hier drückte das Krebslein in der letzten Sekunde mit seinen Beinchen den Hals des Reihers so fest zu, daß dieser erstickte und tot ins Wasser fiel. Der kleine Krebs aber hatte auf diese Weise den Tod der vielen armen Fischlein gerächt, die seine Freunde gewesen waren.

Die schönsten Geschichten
GUTE-NACHT-GESCHICHTEN
Teil 4

Warum der Hund die Katze haßt

Vor vielen tausend Jahren, als die Erde noch sehr jung war, beschloß der Weltenregierer, den Hunden ein ganz besonderes Vorrecht einzuräumen. Sie sollten als einzige Kreaturen den Menschen begleiten und dessen Hab und Gut bewachen dürfen. Man kann verstehen, daß die Katzen darüber grün vor Neid wurden.

Sie beriefen einen Katzenrat ein und einigten sich, den Hunden die Urkunde zu stehlen, in welcher deren neue Rechte aufgezeichnet standen. Mit List brachten sie also die kostbare Pergamentrolle an sich und versteckten sie unter einem Haufen von altem Gerümpel auf dem Speicher. Dort fand sie eines schönen Tages ein kleines Mäuschen und hinterbrachte die große Neuigkeit den anderen Mäusen. Sie entzifferten zusammen die wichtige Urkunde und berieten hin und her, was damit zu tun sei. Denn sie hatten sogleich entdeckt, welche Macht ihnen der Besitz der Urkunde über alle Hunde und Katzen gab.

Schließlich sagte die älteste und weiseste Maus: „Es gibt nur einen Weg, wie wir es verhindern können, daß die Hunde und Katzen wieder zu diesem Brief gelangen: wir müssen ihn auffressen." Und das taten sie dann auch.

Einige Zeit später entdeckten die Hunde, daß ihre wertvolle Urkunde nicht mehr vorhanden war. Sofort verdächtigten sie die Katzen. Die leugneten zuerst, doch dann gaben sie ihren Diebstahl zu. Aber als sie die Urkunde unter dem Abfallhaufen hervorholen wollten, war sie nirgends zu finden. Auf dem Fußboden aber sahen sie Hunderte von kleinen Mäusespuren. Da wußten sie, wer die Übeltäter waren. Nach vielen Ausflüchten gestanden die Mäuse dann auch, daß sie das Pergament gemeinsam aufgefressen hatten. Und nun gerieten die Katzen faßt außer sich vor Wut!

Und seit dieser Zeit können die Hunde die Katzen und die Katzen die Mäuse nicht mehr leiden.

Der Frauen-Sand

In der Stadt Stavoren in Holland lebte einst eine Frau, die so reich war, daß sie nicht einmal wußte, wieviele Schätze und Ländereien und Schiffe sie besaß.

Einmal sandte sie den Kapitän von einem ihrer Schiffe nach Danzig, um dort die wertvollste Fracht zu laden, die er ausfindig machen konnte.

delsfracht bringen. Sie lagen nutzlos herum und verrotteten.

Allmählich hatte der Wind so viel Sand und Erde herangeblasen, daß ein breiter Streifen von fruchtbarem Land entstand, das die Leute von Stavoren „Frauen-Sand" nannten.

Des Kaisers Ohren

In einem fernen Lande lebte einst der Kaiser Trojan, dessen Ohren aussahen wie Ziegenohren. Jeden Tag ließ er sich von einem anderen Barbier rasieren, und jeder mußte dem Kaiser bestätigen, daß er ganz

In Danzig sagte man dem Kapitän, daß Weizen die kostbarste Fracht wäre. Und so kam er mit einem Schiff voll Getreide zurück. Die Frau in Stavoren aber empfing ihn voll Wut, denn ihr war Weizen nicht kostbar genug. Und sie ließ die ganze Fracht ins Meer schütten.

Es war aber gerade Winterszeit und die armen Leute litten große Not und Hunger. Die reiche Frau hatte jedoch kein Erbarmen mit ihnen. Im folgenden Frühling ging den ganzen Strand entlang die grüne Weizensaat auf, so dicht, daß kein Schiff mehr ankern konnte. Im Herbst, als das Getreide reifte, baten die Armen, daß sie es ernten durften. Und wutentbrannt mußte die reiche Frau es ihnen erlauben.

Im nächsten Jahr und in den folgenden war es wieder genau so. Als die Leute geerntet hatten, kamen sie zu der reichen Frau und bedankten sich für ihre Großmut. Sie waren inzwischen wohlgenährt und reich geworden, die vormals reichste Frau aber mager und arm, denn kein Schiff konnte ihr noch Han-

gewöhnliche Ohren habe. Taten sie es nicht, so ließ er sie köpfen.

Zuletzt war nur noch der Zunftmeister der Barbiere übrig geblieben. Als er an der Reihe war, stellte er sich krank und schickte seinen Lehrling.

Der Junge war aber schlau und sagte zum Kaiser: „Ihr habt ein schönes Gesicht und wunderbare Ohren!" Das gefiel dem Kaiser, und er ließ sich von da an nur noch von dem Jungen rasieren und gab ihm jeden Tag zwölf Goldstücke zur Belohnung.

Seinen Meister aber plagte die Neugierde. Doch der Junge verriet ihm das Geheimnis des Kaisers nicht. Da sagte der Barbier zu ihm: „Geh hinaus vor die Stadt, grabe ein Loch in die Erde und vertraue dem das Geheimnis des Kaisers an!" Der Junge gehorchte und war nun froh, daß ihn sein Gewissen nicht mehr drückte.

Doch aus dem Loch wuchs eine Weide, und als sich Hirten ihre Flöten aus den Weidenzweigen schnitzten und darauf bliesen, da tönte es aus den Flöten: „Der Kaiser Trojan, der hat Ziegenohren!" Es dauerte nicht lange, da wurde die Geschichte dem Kaiser hinterbracht. Er ließ sich den Lehrling kommen, und der gestand, was er getan hatte. Zuerst wollte der Kaiser böse werden, doch dann sagte er sich: „Wenn nicht einmal die Erde und ein Weidenbaum ein Geheimnis bewahren können, wie will ich's dann von einem jungen Burschen verlangen?" Und er verzieh ihm, doch rasieren durfte der Junge den Kaiser niemals wieder.

Der Geizhals

Es war einmal ein Geizhals, der verkaufte alles, was er besaß, und kaufte sich für den Erlös einen großen Klumpen Gold. Den versteckte er in einem Loch, kam aber alle Tage und erlabte sich am Glanz des Goldes. Ein Fremder hatte ihn beobachtet, ging hin und stahl den Schatz. Als der Geizhals beim nächsten Mal die Grube leer fand, schrie und heulte er. Doch ein Nachbar, dem er seinen Kummer klagte, sagte zu ihm: „Leg einen Pflasterstein in das Loch — er wird dir genau so viel Nutzen bringen wie der tote Klumpen Gold!"

Die drei Spinnerinnen

Es war einmal ein faules Mädchen, das nicht gern spinnen lernen wollte. Eines Tages bekam es deshalb von seiner Mutter Schläge und schrie und weinte laut, so daß es die Königin hörte, die gerade an dem Hause vorbeiritt.

„Weshalb schlägst du deine Tochter?" fragte die Königin. Und die Mutter schämte sich der Faulheit

zückt, als sie das viele feine Garn sah, und setzte den Hochzeitstag fest. An der Hochzeitstafel setzten sich die drei häßlichen Frauen neben den Bräutigam, und der fragte sie: „Weshalb hast du einen so breiten Fuß?" „Vom Spinnradtreten", war die Antwort. „Und woher kommt dein dicker Daumen?" fragte er weiter. „Vom Garndrehen", sagte die zweite. „Und wie kommst du zu dieser unmäßigen Unterlippe?" „Weil ich immer am Finger lecken muß, damit der Spinnfaden dünn und fein wird." „Meine Braut darf niemals ein Spinnrad anrühren", rief da der Prinz entsetzt. Und wirklich — sie tat es nie in ihrem ganzen Leben!

ihres Kindes und sagte: „Sie will den ganzen Tag spinnen, und ich weiß nicht mehr, wo ich den vielen Flachs hernehmen soll."
„Laß sie mit mir gehen", sagte da die Königin, „denn ich liebe das Surren des Spinnrads."
So kam das Mädchen ins Königsschloß, und die Königin sagte zu ihr: „Wenn du diese drei Säle voll Flachs versponnen hast, dann bekommst du meinen ältesten Sohn zum Gemahl."
Das Mädchen war ganz verzweifelt, denn es konnte ja nicht spinnen. Doch nachts kamen drei alte Frauen zu ihr, die eine mit einem breiten Fuß, die andere mit einem dicken Daumen und die dritte mit einer unmäßig großen Unterlippe. Die sagten: „Wenn du uns zu deiner Hochzeit einlädst, dann wollen wir den Flachs für dich spinnen." Und so geschah es. Die Königin war ent-

Der Lautenspieler

Ein junger König und seine Frau lebten in einem Land, in dem eitel Friede und Freude herrschten. Das gefiel dem König eine Zeitlang ganz gut, doch dann wurde es ihm langweilig. Deshalb beschloß er, mit seinem Heer auszuziehen und den bösen König in einem fernen Land zu bekämpfen. Aber er und seine Krieger wurden besiegt und ins Gefängnis geworfen. Lange Zeit hörte die arme Königin nichts von ihrem Gemahl, doch nach drei Jahren gelang es diesem endlich, ihr einen Brief zukommen zu lassen.
Da verkleidete sich die junge Königin als Lautenspieler und ging an den Hof des bösen Königs. Dort spielte sie vor dem Gefängnisturm so lieblich auf ihrer Laute, daß der böse König sie zu sich kommen ließ und ihr versprach, ihr alles zu schenken, was sie nur wollte.

„Ich möchte einen von deinen Gefangenen als Reisegefährten haben", sagte der junge Lautenspieler. Da ließ der König die Gefangenen vorführen, und die junge, verkleidete Königin wählte sich natürlich ihren Gemahl aus. Sie zog mit ihm heim in ihren Palast, gab sich aber nicht zu erkennen. Doch zu Hause legte sie wieder ihre Frauengewänder an.

Alles Volk war froh, daß der König zurückgekehrt war, nur er selbst war böse, weil er glaubte, seine Frau hätte nichts zu seiner Rettung getan.

Da ging die Königin hin, verkleidete sich wieder als Lautenspieler und spielte im Hof des Palastes eine so wunderschöne Melodie, daß der König sie zu sich kommen ließ und

ihr alles versprach, was sie nur wollte. „Dich will ich", sagte der Lautenspieler und warf den Mantel ab. Nun erkannte der König, daß der Lautenspieler, der ihn gerettet hatte, seine eigene junge Frau war. Darüber war er sehr glücklich und ordnete ein großes Fest für das ganze Land an.

Seiner jungen, mutigen Frau aber dankte er aus ganzem Herzen und herrschte mit ihr lange und weise über sein Land.

Die Laute und das Lautenspielergewand aber kamen in einen gläsernen Schrein und wurden da für alle Kinder und Kindeskinder zur Erinnerung aufbewahrt.

Die Stadt der Narren

Es gab einmal eine Stadt, in der beinahe jedermann verrückt war, mit Ausnahme von einem jungen Mann, der gerade geheiratet hatte.

Eines Tages schickte seine Mutter die junge Schwiegertochter zum Melken in den Stall. Die setzte sich auf den Melkhocker, und gerade, als sie den Eimer voll Milch gemolken hatte, nieste sie und verschüttete die ganze Milch. Da kniete sie vor der Kuh nieder und sagte: „Verzeih mir, liebe Kuh, und verrate mich bitte nicht meinem Ehemann!"

Als sie nicht zurückkam , suchte ihre Schwiegermutter nach ihr und sagte: „Warum kniest du vor der Kuh und sprichst dabei?" Da erzählte die Junge, was sich zugetragen hatte, und die Alte ging und holte einen Napf voll Kleie für die Kuh. Dazu sagte auch sie: „Verzeih, liebe Kuh, und verrate meine

Schwiegertochter nur nicht an ihren Mann!" Schließlich kam der Mann der Alten dazu und stellte sich genau so töricht an.

Als alle drei auf dem Boden knieten und mit erhobenen Händen die Kuh anflehten, erschien der junge Mann im Stall und sagte wütend: "Ich gehe fort von euch und will nicht wiederkehren, bevor ich nicht Leute gefunden habe, die noch närrischer sind, als ihr es seid!"

Er fand aber welche, die vergebens einen Baumstamm quer durch einen Torweg bringen wollten. Er zeigte ihnen, wie leicht es geht, wenn man es der Länge nach versucht. Dann sah er Leute, die ein Kamel wegführen wollten, ihm aber vorher die Beine zusammengebunden hatten. Da half er auch diesen dummen Menschen. "Wunderbar",

schrien die Leute, als ihr Kamel wieder laufen konnte.

Und der junge Mann sagte zu sich: "Ich habe so viele Narren in der Welt getroffen, die noch viel schlimmer sind als meine eigenen Leute, so daß ich beruhigt wieder heimgehen und bei ihnen bleiben kann."

Und er kehrte heim zu seiner törichten Frau und seinen närrischen alten Eltern.

Der schlaue Spielzeugmacher

In einer großen Stadt lebte einmal ein alter, tüchtiger Spielzeugmacher. Er versteckte sich in seiner Werkstatt und bastelte da die hübschesten Spielsachen, die man sich nur denken kann: hölzerne Eisenbahnen und lustige Tiere, Windmühlen und Hampelmänner, und alles malte er mit prächtigen Farben an.

Jeden Freitag packte er die fertigen Spielsachen auf ein kleines Handwägelchen und fuhr zum Markt. Dort breitete er die hübschen Dinge aus und verkaufte alles für wenig Geld an die Kinder. Die warteten schon immer auf ihn und konnten gar nicht genug von den hübschen, billigen Spielsachen bekommen. Der Spielzeugmacher aber freute sich über ihre glücklichen Gesichter und beschloß, noch recht viele hübsche Dinge für die Kinder zu basteln.

In der gleichen Stadt hatte auch ein reicher Kaufmann einen Spielzeugladen. Er ärgerte sich, weil die Kinder nicht bei ihm, sondern bei dem armen Spielzeugmacher kauften.

Der Alte fuhr auch mit seinem Wägelchen nach Hause, doch als er es im Schuppen abstellen wollte, stolperte er über den roten Faden, der sich um seine Füße gewickelt hatte. Der kluge Mann wußte gleich Bescheid. Noch in der Nacht nahm er das Fadenknäuel und lief damit kreuz und quer durch die Stadt. An jedem Haus befestigte er den Faden, so daß der reiche Mann am nächsten Morgen nicht wußte, hinter welcher der vielen Türen sich die Spielzeugwerkstatt verbarg. Jetzt konnte er das Haus nicht kaufen, in dem sich der Spielzeugmacher eingemietet hatte, und so konnte er auch den alten Mann nicht an die Luft setzen, wie er es eigentlich gewollt hatte.

Darüber geriet er so in Wut, daß er noch am gleichen Tag in eine andere Stadt verzog!

Doktor Allwissend

Ein Schuster wollte einst nicht mehr Schuster sein und beschloß, Doktor zu werden. Er hing deshalb ein Schild an sein Haus, auf dem stand „Doktor Allwissend".

Das las ein Bäuerlein, dem sein Pferd gestohlen worden war. Er fragte den Doktor um Rat, und der gab ihm ein Rezept. Der Apotheker, dem er es brachte, mußte laut über den Unsinn lachen, den der Doktor Allwissend aufgeschrieben hatte. Zum Spaß gab er aber dem Bäuerlein eine Medizin, die ihm wie Feuer im Mund brannte.

Da lief der Bauer ins nächste Haus, um den Brand auf seiner Zunge mit Wasser zu löschen — und dabei fing er den Dieb, der gerade im glei-

Deshalb ging er auf den Markt und sagte zu dem braven Mann: „Verkauf mir doch alle deine Spielsachen! Ich werde sie in meinem Laden den Kindern anbieten, und mittlerweile kannst du in deiner Werkstatt sitzen und noch viel mehr Spielsachen als bisher machen!"

Doch der Spielzeugmacher lehnte ab, denn er wußte wohl, daß der Reiche so viel Geld für das Spielzeug verlangen würde, wie es die Kinder niemals bezahlen konnten.

Da griff der neidische, reiche Mann zu einer List. Er befestigte am Wagen des Spielzeugmachers einen langen, roten Faden. Der sollte hinter dem Wagen herschleifen und ihm den Weg zu der heimlichen Werkstatt des Spielzeugmachers weisen.

im Hof des Schlosses auf und ab und zählte dabei seine Schritte: „Eins-zwei-drei, eins-zwei-. Das hörten des Königs Diener, die den Ring gestohlen hatten, und glaubten, Doktor Allwissend zähle die Diebe. Und sie sagten zu ihm: „Verrate uns dem König nicht; wir wollen dich auch reich belohnen!" Da riet ihnen Doktor Allwissend, den Ring in das Huhn einzunähen, das sie am nächsten Tag für den König braten wollten.

Zum König aber sagte Doktor Allwissend: „Deinen Ring hat das Huhn verschluckt, das du morgen verspeisen wirst."

Und tatsächlich, als der König bei der nächsten Mittagstafel sein gebratenes Hühnchen auseinanderschnitt, rollte der vermißte Ring heraus. Von da an glaubten alle Leute, daß der frühere Schuster wirklich allwissend sei, und der König machte ihn zum reichsten Mann bis an sein Lebensende.

Die Unke

Es war einmal eine Bauersfrau, die hatte einen jungen, braven Sohn und konnte es kaum erwarten, daß er heiratete. Sie gab ihm einen Strang Flachs und sagte zu ihm: „Suche ein Mädchen, das etwas Rechtes aus diesem Flachs machen kann. Das ist dann auch die richtige Braut!"

Der Junge nahm den Flachs, verließ das Dorf und setzte sich gedankenvoll ans Flußufer, denn er wußte nicht, wie er das richtige Mädchen finden sollte. Als aus dem Wasser eine Unke herauskam und sich zu ihm setzte, erzählte er ihr seine Not.

chen Haus das gestohlene Pferd verkaufen wollte. Der Ruf von des Doktors vermeintlicher Allwissenheit verbreitete sich rasch und drang auch bis zum König. Der ließ ihn kommen und sagte zu ihm: „Wenn du Doktor Allwissend bist, dann mußt du auch den Ring finden, den man mir gestohlen hat — oder du bist des Todes!"

Doktor Allwissend erschrak und bat sich Bedenkzeit aus. Er spazierte

die dritte hatte einen Höcker. Über den Bauernjungen und seine seltsame Braut mußten sie so laut lachen, daß plötzlich all ihre Gebrechen von ihnen abfielen und sie wie drei schöne, gesunde Menschenkinder dastanden. Sie waren darüber so glücklich, daß sie aus Dankbarkeit die Unke in ein liebliches, junges Mädchen verwandelten.

Als die Bauersfrau den Sohn mit seiner schönen Braut kommen sah, war sie sehr erfreut und rief: „Du hast gut gewählt, mein Sohn — das ist die Richtige!" Und alle lebten viele, viele Jahre glücklich und zufrieden miteinander auf ihrem Bauernhof . Doch die Bauersfrau erfuhr niemals, daß ihre Schwiegertochter früher eine Unke gewesen war.

Doch die Unke sagte: „Ich will dir gern helfen!" Sie verschwand mit dem Flachs in dem Wasser, kehrte aber schon bald mit einem feinen, weißen Stück Leinwand zurück, das sie aus dem Flachs gesponnen und gewebt hatte. Als der Bauernjunge das seiner Mutter zeigte, war die sehr zufrieden. Sie gab ihm nun einen jungen Hund, den die künftige Braut aufziehen und abrichten sollte. Auch das tat die Unke, und nun blieb dem Bauernjungen nichts anderes übrig, als den Wunsch seiner Mutter zu erfüllen und die Braut nach Hause zu holen. Er setzte die Unke neben sich auf seinen Bauernwagen und wollte mit ihr heim zu seiner Mutter fahren.

Unterwegs begegneten sie drei alten Frauen, von denen die eine blind und die andere lahm war, und

Die zwei Frösche

In Japan lebten einst zwei Frösche. Der eine wohnte in einem Teich nahe der Stadt Osaka, der andere in einem Fluß nahe der Stadt Kyoto. Sie kannten einander nicht, beschlossen aber zufälligerweise am gleichen Tag, eine Reise zu machen. Der Frosch aus Osaka wollte nach Kyoto, und der aus Kyoto wollte Osaka besuchen.

Auf halbem Wege zwischen Osaka und Kyoto lag ein hoher Berg. Auf seinem Gipfel begegneten sich die zwei Fröschlein und machten sich miteinander bekannt. Als sie sich gegenseitig ihre Reiseziele verrieten, sagte der eine: „Wie schade, daß die beiden Städte von hier oben nicht zu sehen sind. Sonst könnten wir uns gleich entschließen, ob es sich lohnt, hinzugehen!"

"Wenn wir uns auf die Hinterbeine stellen und uns gegenseitig stützen, kann jeder von uns die Stadt sehen, die er besuchen will", sagte der andere. So stellten sie sich auf die Zehen mit der Nasenspitze in der Richtung jener Stadt, die jeder aufsuchen wollte. Da aber die Augen der Frösche nach rückwärts sehen, erblickte jeder nur seine eigene Stadt. "Kyoto ist genau so wie Osaka", sagte der eine, und Osaka ist genau so wie Kyoto", sagte der andere. Da kehrten beide zurück, im Glauben, die zwei Städte seien einander ähnlich wie ein Ei dem anderen. Aber wie verschieden voneinander sind sie doch in Wirklichkeit.

Das Wasser des Lebens

Drei Brüder lebten zusammen mit ihrer Schwester in einem prächtigen Palast, und alle, die vorbeikamen, bewunderten ihn, nur eine alte Frau rief geringschätzig aus: ..Er ist ganz schön, aber eine Sache fehlt ihm!" "Was soll das sein?"

fragte der älteste Bruder. "Eine Kirche", antwortete die Alte. Da erbauten die Brüder neben dem Palast eine herrliche Kirche.

"Ganz schön", sagte ein alter Mann, "doch es fehlt noch etwas." "Und was sollte das sein?" fragte der zweitälteste Bruder. "Das Wasser des Lebens fehlt noch", erwiderte der Alte, "und ein Zweig vom Baum der ewigen Schönheit und der sprechende Vogel. Ihr findet sie dort auf jenem Berge!" Und er deutete mit seinem Zeigefinger auf ein fernes Gebirge.

Da gab der älteste seiner Schwester ein Messer und sagte: "Wenn es sich rot färbt, dann ist mir etwas zugestoßen." Damit ging er fort. Unterwegs sagte ein Mann zu ihm: "Du wirst jetzt bald an ein paar seufzenden und klagenden Steinen vorbeikommen.

Sieh dich nicht nach ihnen um, sonst wirst auch du zu Stein!" Doch der älteste Bruder befolgte diesen Rat nicht, sah sich nach den klagenden Steinen an seinem Weg um und ward selbst zu Stein. Zu Hause färbte sich das Messer blutrot, und so machte sich der zweite Bruder auf den Weg, um dem ältesten beizustehen. Doch auch er drehte sich nach den seltsamen Steinen um und versteinerte, und ebenso der jüngste. Da hielt es die Schwester nicht zu Hause. Und obwohl sie bei den klagenden Steinen die Stimmen ihrer Brüder erkannte, wandte sie sich nicht um und ging tapfer weiter, bis sie auf dem Gipfel des fernen Berges angelangt war. Hier fand sie einen Krug, den sie an der Quelle mit dem Wasser des Lebens füllte, dann brach sie einen Zweig vom Baum der ewigen Schönheit und schließlich fing sie auch noch den sprechenden Vogel.

Als sie auf dem Heimweg bei den klagenden Steinen vorüberkam, bespritzte sie diese mit dem Wasser des Lebens aus ihrem Krug; sie verwandelten sich in ihre Brüder und in viele andere tapfere Jünglinge, die alle verzaubert gewesen waren. Die Schwester, die drei Brüder und die Jünglinge zogen gemeinsam heim in den Palast und sprachen in der Kirche ein Dankgebet. Im Garten pflanzte die Schwester den Zweig vom Baum der ewigen Schönheit ein und begoß ihn mit dem Wasser des Lebens. Er wuchs, und bald nistete der sprechende Vogel in seinen Ästen. Von weither kamen die Besucher, um alle die Wunderdinge zu bestaunen, und einer von ihnen, ein schöner junger

Prinz, wurde der Gemahl des klugen jungen Mädchens, das seine Brüder erlöst hatte.

Nicht zu Pferd und nicht zu Fuß

Ein Prinz machte einem jungen Mädchen lange Zeit den Hof, doch schließlich verzichtete er doch darauf, sie zu heiraten. Und um sie loszuwerden, dachte er sich ein paar Aufgaben aus, von denen er meinte, das Mädchen könne sie bestimmt nicht erfüllen. „Ich werde dich heiraten", sagte er zu ihr, „wenn du zu meinem Palast kommst — nicht zu Pferd und nicht zu Fuß, nicht nackt und nicht bekleidet, nicht hungrig und nicht satt, nicht bei Tag und nicht bei Nacht."

Da setzte sich das Mädchen auf den Rücken eines Widders und ließ die Füße nachschleifen — so kam sie nicht zu Pferd und nicht zu Fuß; sie aß drei Weizenkörnchen — so kam sie nicht hungrig und nicht satt; sie warf sich ein Fischernetz über — so kam sie nicht nackt und nicht bekleidet, und schließlich wählte sie die Dämmerung — so kam sie zum Schloß nicht bei Tag und nicht bei Nacht.

Als die Wachen sie so sahen, wollten sie das Tor des Palastes nicht öffnen. Doch sie klopfte an das Fenster des Prinzen und zeigte ihm, daß sie alle seine Bedingungen er-

füllt hatte. Er mußte zu seinem Wort stehen und heiratete sie — und schließlich sind sie doch noch sehr glücklich miteinander geworden.

Der faule Heinz

Der junge Heinz war unendlich faul, und das einzige, was er tun mochte, war es, die Ziege auf die Weide zu

treiben und sich dort dann in den Schatten eines Baumes zu legen.

Dabei dachte er: „Eigentlich könnte ich Trine heiraten. Die kann dann ihre Ziege zusammen mit meiner grasen lassen, und ich ruhe mich solange aus."

Gesagt, getan. Heinz heiratete Trine, die jedoch nicht minder faul war als Heinz und zu ihm sagte: „Weshalb sollen wir uns mit dem Ziegen-hüten abmühen? Wir wollen die zwei Tiere gegen einen Bienen-stock vertauschen, dann haben wir genug zu essen und brauchen überhaupt nicht mehr zu arbeiten."

So tauschten sie den Bienenstock ein, ernteten im Herbst den Honig und stellten ihn in einem Krug neben ihr Bett, damit sie nicht auf-zustehen brauchten, wenn sie Hun-ger bekamen. Und Trine sagte: „Wenn ein Dieb kommt und un-seren Honig stehlen will, dann wer-de ich mit diesem Stock auf ihn ein-schlagen!" Und sie holte aus, schwang den Stock und traf den Honigtopf, der entzwei ging, so daß der Honig auf den Boden lief.

„Macht nichts", sagte der faule Heinz, „wir essen den Rest und er-holen uns dann von dem Schrek-ken. Dann haben wir für heute genug getan."

Die Hochzeit des Hasen

Ein Hase hoppelte über die Wiese und sang fröhlich vor sich hin. Da

fragte ihn ein Fuchs: „Was ist los mit dir?" Der Hase antwortete: „Ich bin so glücklich, weil ich gestern geheiratet habe!" „Gratuliere", sagte der Fuchs, „da hast du ja Glück gehabt!" „Nicht gar soviel Glück", sagte der Hase, „meine Frau ist ein rechter Satan!" „Schlimm", sagte der Fuchs. Doch der Hase erwiderte: „Nicht gar so schlimm, denn sie bekam ein hüb-sches Haus als Mitgift!"

„Das ist aber fein", sagte der Fuchs. „Nicht gar so fein", sagte daraufhin der Hase, „denn das Haus ist in der Nacht abgebrannt!" „Schrecklich!" rief der Fuchs aus. „Nicht gar so schrecklich", sagte der Hase, „denn meine Frau ist gleich mitverbrannt!"

Der kluge Weber

Dem König eines fernen Landes wurde der Gesandte aus einem mächtigen Reich des Ostens ge-meldet. Auf seinem Throne sitzend, empfing er den Gast, der sich auf den Boden setzte und mit einem Stock einen Kreis um sich zog.

Und niemand konnte dem König die seltsame Botschaft erklären.

Das erboste den König, und e schwor, alle seine Minister aufhän gen zu lassen, wenn sie ihm da Geheimnis des schweigsamen Bot schafters nicht schleunigst lüfte ten. Die Minister wußten, daß de König sein Wort halten würde un ließen im ganzen Land nach einer Mann suchen, der das Rätsel löser konnte.

So kam ein Bote auch in die Hütte eines Webers und sah da einen

des fremden Herrschers, daß sein Heer Euch umzingeln wollte. Die zwei Knöchlein gaben dem fremden Herrscher Eure Antwort: „Ihr seid so dumm wie ein Kind — hier habt Ihr zwei Knöchlein zum Spielen! Die Körner stellten des fremden Herrschers Soldaten dar. Doch ein einziger Soldat von Euch, nämlich das Huhn, ist mit der ganzen Armee fertig geworden!"

Da lobte der König den Weber ob seiner Klugheit und entließ ihn reich belohnt.

Der Rosmarinzweig

Ein Mädchen ging hinaus in den Wald, um Brennholz für ihren Vater zu sammeln. Als sie ein schönes Bündel beisammen hatte, riß sie auch einen Rosmarinzweig für sich selber aus dem Boden. Plötzlich stand ein schöner, junger Mann vor ihr und fragte sie: „Weshalb stiehlst du mein Anfeuerholz?" „Mein Vater schickt mich immer zum Holzsammeln", stammelte sie verwirrt.

Da nahm der junge Mann sie an der Hand und schlüpfte mit ihr durch das Loch, aus dem sie den Rosmarinzweig herausgerissen hatte, in das Erdreich hinein.

Sie liefen durch einen langen, dunklen Gang und kamen schließlich vor einen prächtigen Palast. „Er gehört mir, und auch dir, wenn du mich heiraten willst", sagte der Jüngling. Und das Mädchen war einverstanden.

So wurden sie ein Paar und lebten manches Jahr glücklich und vergnügt zusammen. Die junge Frau durfte alles tun, was ihr gefiel, nur

Webstuhl stehen, der ganz allein und von selbst webte. „Der Mann, dem dieser Webstuhl gehört, muß so klug sein, daß er auch das Geheimnis des fremden Botschafters erraten kann", dachte der Bote und nahm den Weber mit in den Palast. Zuvor aber hatte der Weber zwei Hühnerknöchlein und ein Huhn an sich genommen.

Im Palast dachte er eine Weile nach, dann legte er die zwei Knöchlein neben den Gesandten.

Der antwortete, indem er viele Hände voll Getreidekörner auf dem Boden verstreute. Nun ließ der Weber sein Huhn frei, und das fraß im Nu alle Körner auf. Da stand der Gesandte auf und ging fort.

Dem König aber erklärte der Weber: „Der Kreis war eine Botschaft

eine bestimmte schwarze Truhe zu öffnen, hatte ihr der junge Gemahl verboten. Er ließ sie aber oft allein zu Hause, und da überkam sie eines schönen Tages die Neugierde: sie öffnete die Truhe, und da fing der Palast an zu wanken und einzustürzen. Schließlich stand die junge Frau allein in den Trümmern da, und ihr Mann blieb verschwunden.

Da sie ihn aber innig liebte, zog sie aus, um ihn zu suchen, und nahm dabei ein Rosmarinzweiglein mit. Unterwegs schenkte ihr die Sonne eine Haselnuß, die ihr in der Not helfen sollte. Der Mond gab ihr eine Mandel, und der Wind fügte eine Walnuß hinzu. Die sollten ihr ebenfalls beistehen, wenn sie in Gefahr war. Und außerdem sagte der Wind: „Ich weiß, wo dein Mann ist. Er soll morgen einer Prinzessin angetraut werden!"

Da bat die junge Frau den Wind, die Hochzeitsvorbereitungen zu stören. Und der Wind blies mit vollen Backen in die Nähstube, wo das Hochzeitsgewand der fremden Prinzessin geschneidert werden sollte, und wehte das Kleid davon. Nun mußte ein neues genäht werden, und die junge Frau hatte Zeit genug, hin zu dem fernen Palast zu wandern. Dort knackte sie die Nüsse und die Mandel und zog drei Kleider aus ihnen heraus, eines schöner als das andere. Zu gerne hätte die falsche Braut die drei kostbaren Kleider besessen!

Da sagte die junge Frau zu ihr: „Wenn du mich vor deinen Bräutigam führst, kannst du alle drei Kleider haben!"

Widerstrebend stimmte die Braut zu, und als die junge Frau vor ihren Mann trat und ihn mit ihrem Rosmarinzweiglein berührte, gewann er sein Gedächtnis zurück und erkannte sie. Der falschen Braut aber sagte er, daß er ja schon eine Frau habe.

Sie ließ ihn ziehen, und er und seine junge Frau gingen zurück zum Haus von des Mädchens Vater, wo sie glücklich bis ans Ende ihrer Tage miteinander lebten.

Berti, der große Maler

Der Vater von Berti war ein berühmter Maler. Wenigstens fand Berti das. Junge, was konnte sein Papi für schöne Bilder malen und was für eine Menge Töpfe und Tuben mit herrlichen Farben hatte er! Nur schade, daß Berti sie nicht an-

Der Ziegenbock und der König

Ein junger König hatte von einer Fee die Gabe erhalten, die Sprache der Tiere zu verstehen. Doch durfte er niemandem sein Geheimnis anvertrauen, sonst mußte er zu Stein werden. Eines Tages saßen er und seine junge, schöne Frau beim Essen im Grünen. Da pickte eine Ente ein paar Reiskörnchen von ihrer Mahlzeit auf und lief davon. „Gib ein paar von deinen Körnchen ab", sagte eine andere Ente zu ihr. „Such dir selbst welche", antwortete die erste Ente, „ich bin doch nicht deine Dienerin!"

Der König, der das mitangehört hatte, mußte lachen, und seine Frau fragte ihn neugierig nach dem Grund. Als der König ihr nichts verriet, wurde sie böse und trotzte tagelang mit ihm. Das wurde dem König schließlich so lästig, daß er dachte: „Lieber will ich tot auf dem Grund des Flusses liegen, als diese schlechte Laune noch länger zu ertragen!"Auf dem Weg zum Fluß kamen sie an einem alten Ziegenbock vorbei, den seine Frau, die alte Ziegengeiß, gerade laut beschimpfte.

„Halt den Mund", sagte er, „sieh dort, den dummen König, der nicht mit seiner launischen Königin fertig wird und sich ihretwegen ertränken will! Ich jedoch, ich werde wohl fertig mit dir!" Und damit stieß er ihr die Hörner in die Seite, daß sie aufmeckerte.

Wieder mußte der König lachen! Er kehrte um und sagte zu seiner Frau — wobei er seine Reitpeitsche schwang: „Du erfährst mein Ge-

rühren durfte. Einmal, als Vater weg war, schlich sich Berti mit der Katze Mieze ins Atelier. Er wollte auch so ein großer Maler werden wie sein Vater. Und flink bemalte er Mieze mit schöner roter Farbe. Er war noch nicht ganz fertig damit, da kam Vater zurück und fragte: „Was ist das für eine fremde rote Katze?"

„Das ist unsere Mieze", rief Berti ganz stolz. Doch statt ihn zu loben, schalt Vati seinen Sohn tüchtig aus. „Ich hab' dir hundertmal gesagt, daß du von meinen Pinseln wegbleiben sollst. Hör gut zu, Männlein, e i n Maler in der Familie ist genug!"

König ernennen wollte. Die Dohle, die wohl wußte, wie unscheinbar sie aussah, flog aufs Feld hinaus und las da die bunten Federn auf, die den anderen Vögeln ausgefallen waren. Sie steckte sie sich ins Gefieder und sah nun so schön und farbig aus, daß Jupiter ihr tatsächlich die Königswürde verlieh.

Doch die anderen Vögel waren neidisch und rissen ihr die fremden Federn aus, denn sie hatten sie als ihre eigenen wiedererkannt.

Nun war die arme Dohle so unscheinbar und häßlich wie zuvor, und die ganze Königswürde fiel wieder von ihr ab.

Der weise Jupiter aber befand, daß der eitlen Dohle ganz recht geschehen sei!

heimnis nicht, und wenn du ein noch so böses Gesicht machst!" Da wurde die Königin sanft und lieb wie früher und trotzte nicht mehr mit ihrem Mann.

Die eitle Dohle

Gott Jupiter gab bekannt, daß er den schönsten aller Vögel zu ihrem

Die Hexe und der Schäferjunge

Es war einmal ein reicher Bauer, der hatte eine schöne, junge Frau. Sie lächelte niemals, doch war sie gut und freundlich zu ihrem Mann, und der fühlte sich glücklich dabei.

Auf dem Hof arbeitete auch ein junger Schäferbursche, der sich schwor, die junge Frau zum Lachen zu bringen, doch vergebens! Sie schaute starr an ihm vorbei in die Luft.

Am Walpurgistag kam der Schäferjunge spät am Abend, als es schon dunkel war, aus dem Pferch zurück. Da erblickte er vor der Haustür des Bauernhauses eine Gestalt, und im Licht des Mondes erkannte er, daß es die junge Bäuerin war.

Sie hatte die Hand erhoben und rief: „Fliege, fliege, Mondlicht!" Und der Wind ergriff sie und führte sie davon. Voll Verwunderung wiederholte der Schäferjunge die Worte: „Fliege, fliege, Mondlicht!" Da wurde auch er vom Wind gepackt und fortgetragen.

Auf einem einsamen wilden Platz fand er sich wieder, mitten zwischen Hexenvolk, das hier sein Walpurgisfest feierte. Es waren scheußliche Gestalten dabei, aber auch liebliche, junge Hexen, unter ihnen die schöne stolze Bauersfrau.

Als sie den Schäferjungen erblickte, stieß sie einen Schrei aus, verwandelte sich in einen großen, feurigen Rappen und raste davon. Doch der Schäferjunge war noch flinker, sprang mit einem Satz dem Pferd auf den Rücken und lenkte es in rasendem Ritt zum Hufschmied, wo er es beschlagen ließ. Dann ließ er es laufen und kehrte nach Hause zurück.

Am nächsten Tag entdeckte er, daß die junge Bauersfrau an jeder Hand und jedem Fuß sieben Male hatte, die von den Nägeln der Hufeisen herrührten. Der Junge hütete sich, etwas zu sagen, denn sonst hätte er eingestehen müssen, daß auch er auf dem verrufenen Hexentanzplatz gewesen war. Und auch die Bäuerin schwieg fein still.

Die zwei Beutel

Eine alte Fabel erzählt, daß jeder Mensch mit zwei Beuteln um den Hals geboren würde. In dem großen Beutel über der Brust befänden sich die Fehler seiner Nachbarn, in dem kleinen auf dem Rükken die von ihm selbst. Und deshalb sieht jedermann so leicht die Fehler des anderen und nur so schwer seine eigenen.

auf der Erde liegen. Außer sich vor Wut, brüllte er so laut, daß auch die Maus in ihrem Loch es hörte. Sie lief und nagte flink die Fesseln durch, und der Löwe war wieder frei.

„Siehst du nun, daß ich dir geholfen habe", piepste sie, „und du hast mich ausgelacht. Aber manchesmal geschieht es, daß selbst eine kleine, schwache Maus einem großen, starken Löwen helfen kann!"

Der Kochtopf

Es war einmal ein Hausvater, der sehr einfältig war. Dafür war seine Frau um so schlauer, doch hatte sie eine spitze Zunge. Mit der vertrieb sie ihn oft von zu Hause, doch da sie eine gute Köchin war, kehrte ihr Mann — er hieß Simon — immer wieder zurück.

Eines Tages wollte die Frau einen Schmorbraten machen. Da entdeckte sie ein Loch im Kochtopf und schickte ihren Mann zum Nachbarn, um von dem einen anderen Topf zu entlehnen. Nachbar Rußig war dazu gern bereit, sagte jedoch: „Simon, bring mir den Topf morgen zurück, denn meine Frau braucht ihn!" Doch Simon ließ sich Zeit, denn am nächsten Tag wollte seine Frau Gemüse kochen, und das Loch in ihrem eigenen Topf war noch nicht zugelötet. Als Simon am Haus von Herrn Rußig vorbeikam, rief dieser: „Was macht mein Kochtopf?" Und der dumme Simon antwortete: „O, dem geht es gut!"

Am dritten Tag verlor Herr Rußig die Geduld und er ging in Simons Haus, um den Kochtopf zu holen.

Der Löwe und die Maus

Ein Löwe erwachte aus tiefem Schlaf und spürte gerade noch, wie ihm eine Maus über das Gesicht lief. Das machte ihn wütend, und er wollte sie verschlingen. „Verschone mich", wisperte die Maus, „vielleicht kann ich dir eines Tages nützlich sein!" Der Löwe lachte verächtlich, doch er ließ das Mäuslein laufen.

Ein paar Tage später wurde er von Löwenjägern gefangen. Die banden seine Pranken mit dicken Tauen zusammen und ließen ihn über Nacht

heute auch glauben, daß dein Kochtopf gestorben ist. Das eine geht nicht ohne das andere. Wenn er ein Kind bekommen kann, dann kann er auch sterben! Geh heim und sei dankbar, daß dir dein Kochtopf wenigstens ein Kind hinterlassen hat!"

Damit schlug Simon seine Haustür vor des Nachbarn Nase zu, und dem blieb nichts anderes übrig, als zu schimpfen und zu toben und dann nach Hause zu gehen.

Die Mücke und der Stier

Eine Mücke ließ sich auf dem Kopf eines Stieres nieder und blieb lange Zeit da sitzen. Als sie wegfliegen wollte, fragte sie vorher den Stier: "Soll ich lieber hier bleiben?" Doch der Stier antwortete: "Ich habe dich nicht bemerkt, als du da warst, also werde ich dich auch nicht vermissen, wenn du wegfliegst!"

Der hatte immer noch ein Loch, und Simon sagte zu seinem Nachbarn, indem er ihm einen anderen, kleineren Topf reichte: "Dein Kochtopf hat ein Kind bekommen. Hier, nimm es mit nach Hause!" Das tat Herr Rußig, kam aber am nächsten Tag wieder. Da sagte Simon: "Dein Kochtopf ist leider heute nacht gestorben!"

Da rief Herr Rußig entrüstet: "Wie kann denn ein Ding sterben, das noch nie lebendig war!"

Aber Simon, so schlau wie einfältig, antwortete: "Gestern hast du mir geglaubt, daß dein Kochtopf ein Kind bekommen hat, und hast es an dich genommen. Nun mußt du mir

Die Prinzessin im Versteck

Es war einmal ein König, der hatte eine wunderschöne Tochter. Die wollte er bis zu ihrer Heirat im Keller seines Schlosses versteckt halten. Und wenn ein Freier kam, der um die Hand der Prinzessin anhielt, gab er dem so schwere Rätsel auf, daß er sie nicht lösen konnte. Dann ließ der König ihn töten.

Da wollte auch ein junger, schöner Prinz sein Glück versuchen, und er ließ sich von einem Schäfer in ein weißes Lammfell einnähen. Als der König das hübsche Tier sah, wollte er es gern kaufen. Doch der Schäfer sagte: ,,Ich kann es dir nur borgen. Nach drei Tagen möchte ich mein Schäflein wieder zurückhaben!''

Der König war einverstanden und ging mit dem Tierchen vor die Kellertür, wo er ausrief: ,,Sartara, Martara, Erdgeist öffne die Tür!'' Da tat sich die Tür auf, und der König schritt hinein und brachte das weiße Lamm zu seiner Tochter. Als er wieder fortgegangen war, nahm der Prinz seine wahre Gestalt an und war so schön, daß die Prinzessin ihn sofort liebgewann. ,,Das hast du gut gemacht'', rief sie aus, ,,doch wenn du nun als Freier zu meinem Vater kommst, dann wird er mich und meine Dienerinnen in weiße Enten verwandeln. Ich aber werde diejenige Ente sein, die ihr Gefieder putzt!''

Der Prinz schlüpfte nun wieder in sein Lammfell, und drei Tage später ließ der König ihn aus dem Keller heraus. Doch gleich darauf kehrte der Prinz zum König zurück und freite um die Prinzessin. Vor der

Kellertür rief der Prinz aus: ,,Sartara, Martara, Erdgeist, öffne die Tür!'' Dann trat er mit dem König ein, der aber seine Tochter und ihre Dienerinnen rasch in weiße Enten verwandelte. ,,Welches ist die Prinzessin?'' fragte der König. ,,Die dort, die sich das Gefieder putzt!'' rief der Prinz aus. Da gab der König seine Erlaubnis zur Heirat, und aus dem Prinzen und der Prinzessin wurde ein glückliches Paar.

Frühjahrskur

Die gelbe Krokusblume steckte ihr Köpfchen aus dem Boden. Himmel, was für eine kahle Landschaft, und kalt war es obendrein! „He, Nachbarin", rief der Krokus, „komm heraus aus dem Boden. Es ist Frühjahr!" Ganz vorsichtig guckte eine lilafarbene Krokusblüte aus der Erde heraus. „Was ist los?" fragte sie, „weshalb hast du mich aufgeweckt? Das Gras ist noch nicht einmal grün, und dort liegt wahrhaftig noch Schnee!" „Richtig", sagte der gelbe Krokus, „aber wenn wir nicht mithelfen, dann kommt der Frühling in diesem Jahr überhaupt nicht." Die anderen Krokusse im Erdreich hörten das, und im Nu kam eine Blüte nach der anderen aus dem Boden hervorgeschossen. Die Sonne wollte nicht nachstehen und begann sacht zu scheinen, so daß auch das letzte Restchen Schnee wegschmolz. Als die Menschen all das sahen, sagten sie zueinander: „Seht den schönen grünen Rasen und die vielen Krokusblumen darin. Jetzt ist wirklich Frühjahr!"

Der Frosch und der Schwan

Ein großer Frosch saß gemütlich am Teichrand und sonnte sich. „Das Leben ist doch schön", dachte er. Aber trotzdem langweilte er sich, denn keiner wollte mit ihm spielen. Alle fanden ihn viel zu häßlich, nur die Sonne, die, ja, die schien für jedermann. Da kam auf dem Wasser ein prächtiger Schwan dahergezogen, bog seinen langen Hals zu dem Frosch hinunter und wünschte ihm einen guten Morgen. „Wie lieb von dem Schwan", dachte der Frosch und machte aus Begeisterung ein paar Luftsprünge. Dann sagte er laut: „Wie lieb von dir, du schöner Schwan!" Der fragte zurück: „Warum?" Und der Frosch erzählte ihm, daß keines von den Tieren mit ihm spielen wolle, weil er so häßlich sei. „Du bist überhaupt nicht häßlich", sagte da der Schwan. „Für einen Frosch bist du sogar sehr hübsch!" Dann zog der Schwan ruhig seine Bahn weiter, der Frosch aber sann den ganzen Tag über die Worte des Schwans nach. „Ja", dachte er, „der Schwan hat wirklich recht. Für einen Frosch bin ich sehr hübsch. Jeder kann in seiner Art hübsch aussehen." Lachend schien die Sonne auf ihn herunter, und niemehr hat sich der Frosch für häßlich gehalten.

Muttis Irrtum

Als Winnie Geburtstag hatte, wurde ihr größter Wunsch erfüllt: Sie bekam einen jungen Hund geschenkt. Mutti setzte ihn in einen warmen Korb und sagte zu Winnie: „Gib gut acht, daß die Mieze nicht zu nah an den Korb herankommt. Denn Hunde und Katzen vertragen sich nicht. Und Waldi ist ja noch so klein!" Da lag Waldi nun im Körbchen und jammerte, denn er hatte Sehnsucht nach seiner Mutter. Winnie tröstete ihn und deckte ihn warm zu, dann ging sie weg, um ihr Festtagskleidchen anzuziehen. Darauf hatte Mieze nur gewartet. Sie kam zu Waldi und hörte, wie der immer noch wimmerte und jammerte. „Vielleicht ist dem Kleinen kalt", dachte Mieze und stieg in den Korb hinein zu Waldi. Der kroch dicht an sie heran. Und was sah Winnie, als sie zurückkam? Eng aneinandergeschmiegt lagen die beiden in dem Körbchen und schliefen friedlich. „Mutti hat sich sicher geirrt", dachte da Winnie. „Ein Hund und eine Katze können sich sehr wohl miteinander vertragen." Still deckte sie die beiden zu und war nun über ihr Geburtstagsgeschenk noch glücklicher als zuvor.

Herr auf dem Bauernhof

Der kleine Dackel Donald war Herr auf dem Hof von Bauer Wilhelm. Sein größtes Vergnügen war es, alle Tiere quer über den Hof zu jagen. Doch keines hatte Angst vor Donald, denn er spielte und scherzte ja nur mit ihnen. Eines Tages entdeckte Donald ein kleines Wildkaninchen, das aus seinem Loch herauskroch. So etwas Drolliges hatte er noch nie gesehen. Denn für gewöhnlich sitzen die Kaninchen ja versteckt in ihren Löchern. „Das ist fast wie ein Fußball, der laufen kann", dachte Donald und versuchte gleich, auch das Kaninchen zu jagen. Aber Willie, das Kaninchen, hoppelte lustig um Donald herum und lief nicht vor ihm davon. Das gefiel Donald sehr, und er schloß schnell Freundschaft mit dem zutraulichen Tierchen. Jeden Morgen besuchte jetzt Donald seinen neuen Freund Willie, und sie hatten viel Spaß miteinander. Bauer Wilhelm freute sich auch über die beiden, und jeden, der auf den Hof kam, führte er zu den seltsamen Spielgefährten. Meistens kauften die Leute dann auch Eier und Butter, und das war natürlich für Bauer Wilhelm das Wichtigste. Für Donald aber war das Wichtigste seine Freundschaft mit dem kleinen Kaninchen Willie, obwohl er nun nicht mehr der Herr auf dem Hof war. Denn jetzt gehorchte er Willie und tat alles, was das Kaninchen von ihm verlangte.

Der Stierkampf

Als Danny aus den Ferien zurückkam, trug er ein knallrotes Tuch unterm Arm und auf dem Kopf einen großen schwarzen Hut, einen Sombrero nannten sie das in Spanien.

Ja, Danny war mit seinen Eltern in Spanien gewesen, und nun war er ganz verrückt nach Stierkämpfen. Nicht, daß er selbst schon einen gesehen hätte. Vater und Mutter hatten nämlich gefunden, daß das nichts für kleine Jungen sei. Aber überall in Spanien waren auf den Plakaten schöne, stolze Männer abgebildet, die ein rotes Tuch schwangen. Alle hatten große schwarze Hüte auf, und ihnen gegenüber stand immer ein wilder Stier, der sie angreifen wollte. Vor der Abreise aus Spanien hatten seine Eltern für Danny das rote Stierkämpfertuch und den großen schwarzen Hut gekauft. Und nun hatte Danny nur noch einen Gedanken: Er wollte Stierkämpfer werden. Doch zu Hause hatten sie keinen Stier. „Also muß ein anderes Tier her!" dachte Danny und holte sich sein Böckchen Joppi aus dem Stall. Er schwang das rote Tuch vor ihm hin und her, und Joppi schaute ganz verwundert zu. Doch Danny kam immer näher an Joppi heran, so daß Joppy schließlich böse wurde. Dannys kleine Freunde guckten hinter der Gartenhecke zu, und als Danny seinem Böckchen „Olé!" zurief, da klatschten sie begeistert in die Hände. Das machte Danny richtig stolz, und nun wollte er ihnen erst recht zeigen, was für ein großartiger Stierkämpfer er war. Immer dichter kam er mit seinem roten Tuch an Joppi heran und schrie wieder „Olé! Olé!" Da sprang Joppi mit einem Satz auf ihn zu und stieß mit seinen kleinen Hörnchen nach dem roten Tuch.

Danny erschrak und rannte davon, Joppi hinterher. Und nun stieß er Danny mit den Hörnchen ins Hinterteil. Das tat weh, und Danny rannte immer schneller. Doch Joppy ließ nicht locker und stieß immer wieder zu, bis endlich Dannys Mutter ihrem Söhnchen zu Hilfe eilte. „Ja, Jungchen, solche Spiele mußt du auch nicht machen. Das ist allein etwas für große Leute!" sagte sie zu ihm und zog ihn mit sich fort. Die Nachbarjungen aber hatten ihren Spaß gehabt und lachten Danny noch lange aus. Der wußte jetzt eines ganz bestimmt: Nie in seinem Leben wollte er Stierkämpfer werden!

Der Schneemann

Als es Winter wurde und der Schnee vom Himmel fiel, sah man überall Kinder beim Schneemannbauen. Der schönste Schneemann sollte einen Preis bekommen. Auch die zwei Brüder Pim und Wim arbeiteten eifrig an ihrem Schneemann. Sie setzten ihm Vaters hohen Zylinderhut auf, und Mutter hatte ihnen einen dicken Schal und einen Besen für ihr Kunstwerk gegeben. Der Nachbarsjunge Karlchen wurde ganz eifersüchtig. Denn sein Schneemann war lange nicht so groß und schön, und er versuchte nun alles, den Schneemann von Pim und Wim kaputt zu machen. Er warf mit Schneebällen nach ihm, riß ihm den Zylinderhut vom Kopf und warf ihn über die Gartenmauer. Er wußte nicht, daß das ein ganz besonderer Schneemann war. Das merkte er erst, als er

den Besen wegnehmen wollte. Da gab ihm nämlich der Schneemann einen tüchtigen Klaps mit dem Besen aufs Hinterteil, und Karlchen lief schreiend weg. Doch er stolperte und fiel der Länge nach hin. Und Pim und Wim, die alles mit angesehen hatten, lachten ihn tüchtig aus. Sie machten ihren Schneemann wieder heil, setzten ihm den Hut wieder auf seinen dicken Kopf, und schließlich gewannen sie doch noch den ersten Preis für den schönsten Schneemann!

Der dicke Bobbi

Bobbi war ein liebes Hündchen. Er hielt aber nichts vom Laufen, dafür aber um so mehr vom Essen und vom Schlafen, und davon war er sehr dick geworden. Sein Fell war lang und dicht, so daß er beinahe wie ein Wollknäuel aussah. Beson-

ders wenn er sich zum Schlafen hinlegte und sich zusammenrollte, konnte man ihn für ein Häufchen Wolle halten. Das dachte auch ein Sperling, der ihn schlafend unterm Apfelbaum sah. „Was für ein prächtiges Nest ...!" dachte er. „Das muß ich gleich den anderen Sperlingen sagen. Das Nest ist groß genug für uns alle." Also zwitscherte er seine Freunde zusammen, die rasch von allen Seiten angeflattert kamen und sich gemütlich auf Bobbis haarigem Fell niederließen. Sie machten aber einen solchen Lärm, daß Bobbi davon erwachte. Er setzte sich auf, und ich weiß nicht, wer mehr erschrak, Bobbi oder die Sperlinge. Die Vögelchen flogen geschwind davon, und wenn Bobbi künftig eines von

ihnen nur von weitem sah, dann rannte er davon, so schnell ihn seine Beine trugen. Und zum Schlafen getraute er sich auch nicht mehr hinzulegen. Dabei wurde er immer schlanker und sah zuletzt so hübsch aus wie andere Hunde auch. Und das hatte er nur den frechen kleinen Sperlingen zu verdanken.

Harlekin aus der Spielzeugkiste

In Hänschens alter Spielzeugkiste auf dem Dachboden lag zwischen anderen Spielsachen auch eine hölzerne Puppe mit langen Armen und Beinen und einem bunten Anzug. Hänschen hatte früher viel mit

ihr gespielt, aber jetzt fühlte er sich schon viel zu groß, um sich noch mit Puppen abzugeben. Er war jetzt ja schon fünf Jahre alt und spielte mit anderen Dingen. Harlekinchen in seinem bunten Kleid war darüber sehr betrübt. Er hatte Hänschen so gern gehabt. Aber jetzt war er eben alt und kaputt, ein Bein war abgebrochen, und der Kopf saß ganz schief auf seinen schmalen Schultern. Da schien die Sonne durch einen Spalt im Fenster herein. Harlekinchen richtete seinen Kopf auf und rief: „Wie schön warm du bist, liebe Sonne!" Da schickte die Sonne noch ein paar Strahlen mehr in den Dachboden, denn sie hatte Mitleid mit dem Harlekin. Der hielt sich an einem dicken Sonnenstrahl fest und kletterte daran aus der Kiste heraus. Nun saß er also in der warmen Sonne auf dem Boden und fühlte sich wie das fröhliche Harlekinchen von einst. Auch sein Beinchen war wieder in Ordnung, der Kopf stand wieder gerade auf seinen Schultern, und sein Kleid hatte die alten frischen Farben. „Dank dir, liebe Sonne!" rief der Harlekin fröhlich und versuchte ein paar Tanzschritte. Und je wärmer es dem Harlekin wurde, desto vergnügter wurde er. „Kommt heraus!" rief er den Plüschtieren in der Spielzeugkiste zu. Neugierig guckten sie über den Rand, und der Elefant versuchte es zuerst. Mit einem Bums! fiel er heraus, und die anderen Tiere, die nun auch Mut bekamen, folgten hinterher. Lustig tanzten alle in der Sonne umher und machten dabei einen fürchterlichen Lärm. Hänschen in seinem Kinderzimmer hörte das, ließ seine

Eisenbahn, mit der er gerade spielte, stehen und stieg neugierig in die Dachkammer hinauf. Die Sonne hörte ihn kommen und verschwand geschwind. Sie mußte weiter, denn noch viele Menschen und Tiere brauchten ihre Wärme.

Plötzlich waren alle Spielsachen wieder still und stumm und fielen in sich zusammen. Als Hänschen in die Dachkammer kam, sah er die alten Spielsachen vor der Kiste liegen. „Sie ist wohl umgefallen", dachte er und stopfte alles wieder zurück an den alten Platz. Nur den Harlekin nahm er mit, denn er spürte plötzlich, daß er seine alte Holzpuppe immer noch sehr liebhatte. Und noch einmal sagte Harlekin leise: „Dank dir liebe Sonne!"

Michaels Abenteuer im Zoo

Michael war ein kleiner Junge, der Tiere sehr liebte und vor nichts Angst hatte. Wenn sein Vater mit ihm in den Zoo ging, mußte er immer gut aufpassen, daß Michael nichts anstellte. Deshalb hielt er ihn meistens fest an der Hand. Doch es kann auch vorkommen, daß Väter einmal unaufmerksam sind. Und an einem schönen, warmen Tag war Michael seinem Vater im Zoo plötzlich entwischt. Im Trab lief er zu den Elefanten, denn das waren die größten und schönsten Tiere im ganzen Zoo. Von seinem Vater hatte Michael eine Banane bekommen. Die schwenkte er nun einem Elefanten vor dem Rüssel hin und her. „Wart nur, Männchen!" dachte Jumbo, der Elefant. „Dich krieg ich schon!" Und ehe Michael begriff, was geschah, hatte ihn Jumbo am Schlawittchen gepackt und über das Gitter herübergehoben. Und mit einem Schwung setzte er den Jungen auf seinen breiten Rücken. Dann fing er an, mit ihm loszurennen, denn Elefanten können sehr schnell laufen. Michael klemmte sich mit seinen Beinen auf dem Rücken des Elefanten fest und klammerte sich an seine großen Ohren. „Ich will doch sehen, wie lange er es da oben aushält", dachte der Elefant und sauste weiter im Kreis herum. Michael lachte vergnügt, aber er hatte doch Mühe, nicht von Jumbos Rücken herunterzufallen. Die Giraffe im Käfig nebenan hatte alles mit angesehen und merkte, daß Jumbo immer schneller und schneller rannte.